도쿄 브랜딩

취향을
비즈니스로
만든
사람들

도쿄 브랜딩
TOKYO BRANDING

도쿄다반사 지음

알에이치코리아

프롤로그

Prologue

'앞으로는 인문학이나 인본주의가 다시 주목받는 시대가 오지 않을까?'
요즘 거리를 걸으면서 종종 생각합니다. 과거, 신 중심의 세계에서 인간의 존엄과 가치를 주목했던 르네상스 시대처럼, 스마트폰과 AI가 중심이 되는 사회에서 오히려 인간의 성품, 소망, 행복 같은 보편적인 가치가 다시금 주목받게 되지 않을까 하는 생각이 막연하게 들고 있어요.

처음 이 책의 기획은 '도쿄의 작지만 강한 가게'였습니다. 거대 규모의 기업이 아닌, 개인 또는 소규모로 운영되면서도 분명한 철학과 지속 가능성을 지닌 브랜드와 사람들을 소개하고자 하는 게 취지였습니다. 따라서 일반적인 기업 경영의 담론이 아닌 한 개인의 역사나 가치, 소망이 어떤 경로로 하나의 형태가 되고, 사업화로 성립되며, 나아가서 문화로 세상에 펼쳐지게 되는지에 대한 이야기를 소개하고 싶었습니다.

《도쿄 브랜딩》에는 음악, 미술, 디자인, 문학, 크래프트, 패션, 편집 등 다양한 분야에서 생활과 문화를 제안하는 사람들의 이야기가 담겨 있습니다. 누구보다 평범했다는 주인공들이 자신이 좋아하는 것을 찾고, 그것을 전개해서 대중이 주목하는 브랜드로 만들어지기까지의 여정. 그 여정을 따라가다 보면, 독자 여러분 역시 스스로의 가치와 소망을 다시 들여다보게 될 것입니다. 그리고 언젠가, 그것을 세상과 나누기 위한 첫걸음을 내딛을 수 있는 작은 힌트를 이 책에서 만나게 된다면 기쁘겠습니다.

목차

Contents

프롤로그   4

01 모든 음악에 경의를 표하다   8
타케이 신이치 | 페이스 레코드

02 21세기의 재즈킷사   34
사이토 토시오&사이토 아키코 | 롬퍼치치

03 좋은 풍경을 지닌 라이프스타일의 제안   52
나카하라 신이치로 | 콘란샵 재팬

04 내가 쓰려고 만든 소박한 가방   78
하야사키 아츠시 | 템베아

05 일본 패션·라이프스타일 잡지계의 살아 있는 전설   104
이시카와 지로 | 주식회사 제이아이

06 콜라의 미래를 만들다   134
콜라 코바야시 | 이요시 콜라

07 단 한 권의 책을 판매하는 서점   158
모리오카 요시유키 | 모리오카 서점

08 책의 가치를 생각하다   **176**
　　우치누마 신타로 | 책방 B&B, 일기 전문점 월일

09 한 시대의 분위기를 만들다   **198**
　　오카모토 히토시 | 랜드스케이프 프로덕트

10 일본 최고의 재즈 클럽   **226**
　　카타오카 치구사 | 블루노트 재팬

11 이채異彩로움이라는 새로운 문화를 창출하다   **250**
　　박리나 | 헤라르보니

12 진정한 혼자만의 옷을 만드는 브랜드   **272**
　　토비타 마사히로 & 오카다 치히노 | 팜

13 원단이 가진 가능성을 보여주는 회사   **292**
　　요시카와 슈이치 | 스탬프스

14 한 시대의 사운드를 만들다   **312**
　　하시모토 토오루 | 카페 아프레미디

01

모든 음악에
경의를 표하다

지금까지도 오래전의 음악을
발굴해서 세상에 펼치는
역할을 해왔지만 앞으로도
이를 지속해나가려고 해요.

타케이 신이치 武井進一

Face Records 페이스 레코드

1990년대 세계에서 가장 음악 정보량이 많았던 도쿄 시부야 우다가와초. 당시의 열기만큼은 아니지만 최근 레코드 문화와 시티팝, 1970~80년대 일본 팝 음악 문화의 영향으로 새삼 이곳이 다시 주목받고 있습니다. 먼지 가득한 좁은 공간에 주로 음악 마니아와 아저씨들로 가득했던 과거와는 다르게, 세련되고 개방된 공간 안에서 레코드를 고르고 있는 주인공들은 근처 아오야마나 하라주쿠에서 쇼핑을 하고 들린 듯한 패션을 한 젊은 여성층과 교복을 입은 학생들로 바뀌었습니다.
1996년에 시부야에 레코드 가게를 오픈한 페이스 레코드 Face Records

는 90년대 당시부터 지금까지 시부야의 음악과 레코드 신scene을 증명해주는 귀중한 공간입니다. '세계에서 가장 방문하고 싶은 레코드 매장 TOP 10'에 선정된 (2018년 6월, VinylHub 조사) 유일한 일본 매장이기도 한 이곳은 일본뿐 아니라 해외에서도 주목받고 있습니다. 개인이 운영하는 레코드 매장에서 출발해 일본 및 해외에 매장을 전개하면서 다양한 미디어 촬영 장소 제공과 복합상업시설의 선곡 작업 등 음악에 관련된 다양한 사업을 전개 중인 페이스 레코드. 대표 타케이 신이치 씨에게 시부야의 레코드 가게에 대한 이야기를 들어봤습니다.

홈페이지 https://ftfinc.co.jp
인스타그램 @face_records

Profile

1994년, 24세에 중고 레코드 통신 판매를
개인 사업으로 시작했다.
1996년, 시부야에 중고 레코드 매장인
페이스 레코드 1호점을 오픈했으며,
2001년에 법인화하여
2016년부터 FTF주식회사로 상호를 변경했다.
2018년에 뉴욕 매장을 오픈하고
일본에서도 2023년 이후 삿포로, 나고야,
교토에 매장을 전개했다. 좋아하는 음악 장르는
레게와 재즈. 페이스 레코드는 2024년 6월에
창업 30주년을 맞이했다.

페이스 레코드 시부야.

안녕하세요. 먼저 간단한 본인 소개를 부탁드립니다.

안녕하세요. FTF주식회사의 대표를 맡고 있는 타케이 신이치입니다. 1994년부터 중고 레코드 매장을 운영하고 있으며, 시부야 우다가와초의 페이스 레코드와 레이어드 미야시타 파크RAYARD MIYASHITA PARK의 페이스 레코드 미야시타 파크, 뉴욕 브루클린의 페이스 레코드 NYC 매장이 있습니다.

페이스 레코드를 시작하게 된 계기가 궁금합니다. 이를테면 가족 중에 음악 관련 직업이나 취미를 가진 분이 계셨을까요?

중학교 때 펑크록을 접한 후 레코드를 모으게 되었어요. 펑크록을 시작으로 음악적인 뿌리를 찾기 위해 다양한 음악을 들었습니다. 레게부터 스카, 록큰롤, R&B, 라틴 음악, 재즈, 아프리카 음악 등, 그때 쌓은 지식이 지금 굉장히 도움이 되고 있어요. 아르바이트 수입의 대부분을 레코드 구입에 쓰긴 했지만, 사실 제가 레코드 가게를 하게 될 줄은 몰랐어요. 근무했던 통신 판매 전문 레코드 매장을 그만둘 때 사장님께서 거래처 주소록을 주신 덕분에 페이스 레코드를 시작할 수 있었습니다.

1994년에 통신 판매 전문 매장으로 시작했고, 첫 오프라인 매장을 1996년 시부야에 열었어요. 누자베스Nujabes가 1995년 즈음에 처음으로 레코드 가게를 냈는데, 그 매장 오픈을 도와주기도 했어요. 당시는 시부야케이渋谷系◆가 유행하거나 일본의 힙합 문화가 본격적으

◆ 1990년대에 HMV 시부야 매장 등 시부야를 중심으로 유행한 일본의 팝 음악 스타일 및 무브먼트.

페이스 레코드 NYC.

매거진 〈릴랙스〉에 실린 당시 매장 사진.

로 시작된 시기였어요. 이 사진은 2000년경에 촬영된 건데 맨 처음 가게를 오픈했을 때예요. 매거진하우스의 잡지 〈릴랙스relax〉의 편집자가 DJ 섀도우SHADOW에게 시부야에서 가장 창고 같은 레코드 가게가 어디냐고 물어봤을 때 저희를 추천했다고 해요.

'도쿄가 세계에서 음악 정보량이 가장 풍부했다'는 시기의 이야기네요. 이게 지금의 우다가와초에 있는 매장인가요?
오픈 당시 매장은 지금 있는 우다가와초 매장 근처에 있었고, 현재 매장은 동일본대지진이 일어난 해인 2011년 9월에 이사를 했어요. 당시 일본은 지진 이후 불경기가 이어져 레코드 매장이 줄어들던 시기였어요. 매장이 있는 언덕길을 지칭하는 '시스코자카'의 유래가 된 시스코 레코드cisco record도 2008년에 폐점했고, 시부야에서 레코드 가게가 사라져버릴 것 같은 위기감이 있었습니다. 딱 그 즈음인 2011년 6월경에 시스코자카에 있던 레코드 가게가 문을 닫는다는 이야기를 듣고서 그곳으로 매장을 옮기기로 마음먹었습니다.

그 장소에 레코드 가게를 열어야겠다는 생각을 하신 이유가 있을까요?
시스코자카에서 레코드 가게가 사라진다는 것은 시부야에서 레코드 문화가 사라져 버리는 것과 같다는 초조함 때문이었어요. 중소기업을 대상으로 국가가 운영하는 정책금융공고로부터 1,000만 엔(약 1억 원)을 대출받았어요. 도박과도 같은 모험이었답니다. 새롭게 매장을 오픈했지만, 그해 연말부터 이듬해 초까지는 정말 매출이 좋지 않았습니다. 가게를 그만둬야 하나 생각할 정도였어요. 2018년쯤까지는 계속 힘들었어요.

그럼 매출이 오르기 시작한 계기는 무엇이었나요?
시스코자카 매장을 시작하고 매출이 안 좋았던 시기에 시험삼아 일본에서 발매된 레코드를 이베이에 등록하고 판매해봤는데 그때부터 매상고가 올라가기 시작하면서 회복할 수 있었어요.

도쿄의 레코드 시장 규모라면 내수로도 충분히 운영이 가능할 것 같은데 상당히 의외네요. 이베이에서 발표하는 'eBay Award 2024'에서 1위에 오르면서 표창을 받으셨죠?
네, 이베이에서 발표하는 'eBay Award 2024'의 'Category Growth Award Lifestyle 부문 Music/Musical Instruments & Gear'에서 1위를 차지하게 되었습니다. 이 부문에서는 2024년 한 해 동안 일본 국내 출품자 가운데 가장 높은 종합 매출을 기록했으며, 전년 대비로도 플러스 성장을 기록하게 되었습니다.

최근 한국에서도 레코드 매장 창업을 생각하는 사람들이 있는데요, 먼저 이 업계를 경험한 선배로서 전하고 싶은 조언이 있을까요?
저 같은 경우는 레코드를 사입하러 미국, 영국, 프랑스, 스웨덴, 이탈리아와 같은 곳을 다녔어요. 다양한 나라의 레코드 가게를 방문하거나 해외의 현지 상황을 아는 것이 중요하다고 생각합니다. 한국이나 일본 모두 인구가 많은 편이 아니라서 해외 고객을 확보하기 위해서는 이베이나 아마존과 같은 곳을 반드시 활용할 필요가 있어요. 레코드를 좋아한다는 이유만으로 내수 시장만 대상으로 매장을 운영한다면 언젠가는 경영을 지속하기 힘든 순간을 반드시 만나게 되거든요. 이건 일본의 경우도, 제 경우도 마찬가지라고 생각합니다. 페이스 레코드도 아마 내수 시장만을 생각하고 운영했다면 지금까지 이어질 수 없었을 거예요. 그런 의미에서 해외 상황을 파악하거나 여러 나라의 좋은 음악을 접하며 정보를 축적하는 일이 중요하다고 생각해요.

그런 측면에서 경영에 대한 공부도 필요할 것 같네요.
기본적으로 경영자는 경영 공부를 하지 않으면 회사 운영이 불가능하다고 생각합니다. 요리를 잘하는 사람이 레스토랑을 오픈하거나, 머리를 잘 자르는 사람이 미용실을 하거나, 디자인에 특기가 있는 사람이 관련 회사를 세우는 것은 가능하지만 업무와 경영은 별개입니다. 경영을 하기 위해서는 공부를 해야 해요. 저도 그저 레코드가 좋아서 레코드 매장을 시작했지만 경영 공부를 하기 전까지는 운영

페이스 레코드 후쿠오카.

페이스 레코드 미야시타 파크.

하는 일이 정말 힘들었습니다. 그리고 경영을 하려면 경리, 재무, 인사, 노무, 영업, 홍보를 모두 해야만 해요.

다시 매장 이야기로 돌아가 보겠습니다. 시부야에 미야시타 파크가 오픈했을 때 굉장한 화제였죠. 그곳에 오픈한 페이스 레코드 미야시타 파크도 인상적이었습니다.
미야시타 파크의 컨셉은 시부야라는 동네를 압축해놓은 듯한 상업 시설이었어요. 그런데 일본에는 이런 상업시설이 많잖아요. 예를 들어 시부야 근처라면 스크럼블 교차로가 있을 테고요. 오다이바 같은 곳에 가도 거의 다 비슷해요. 그런 곳들의 구성이 천편일률적이라서 대부분 방문객들이 줄고 있어요. 이를 타파하기 위해 개성 있는 매장들을 모으자는 방침이 있었어요.
일본 공원법에 따르면 공원 내 사기업의 공간은 공원 면적 전체의 2%로 제한하고 있습니다. 즉, 공원 전체 면적의 2%만 상업적으로 운영될 수 있는 거죠. 그래서 미야시타 파크에서 개인(사기업)이 운영하는 매장은 옥상에 있는 스타벅스 한 곳뿐입니다. 히비야 공원 안에 카레 집과 꽃집밖에 없는 이유도 마찬가지예요. 하지만 공원의 지하 공간은 제약이 없기 때문에 미야시타 파크에 입점한 나머지 매장들은 공원의 아래층에 들어가 있어요.

저 같은 경우는 다른 프로젝트 건으로 미야시타 파크에 대한 자료를 본 적이 있는데 주된 타깃층이 10대에서 30대라고 하더라고요.
조금 더 이야기 드리면, 원래 '시부야의 미야시타 파크'는 댄서들이 춤 연습을 하거나, 스케이트보드를 타는 공간이었어요. 그래서 지금 미야시타 파크에는 그들을 대상으로 하는 스케이트보드 관련 매장과 댄스 학원이 입점해 있습니다. 더불어 '시부야 = 레코드'이기 때문에 저희에게 입점 제안이 왔어요. '시부야의 레코드 문화를 대표하는 매장으로서 미야시타 파크에 페이스 레코드가 필요하다'는 이유였습니다. 처음에는 거절했지만 열정을 지닌 담당자가 계속 부탁을 해서 가게를 내게 되었어요. 물론 지금은 미야시타 파크에 매장을 오픈하게 돼 다행이라고 생각해요. 10대에서 20대의 젊은 세대들이 태어나서 처음으로 구매하는 레코드, 다시 말해 '퍼스트 레코드'를 여기에서 사는 분들이 많다고 해요.

미야시타 파크 매장을 방문했을 때 개방적인 매장 분위기도 매력적이었지만, 교복을 입은 학생부터 시부야나 하라주쿠에서 쇼핑을 하고 들른 것 같은 젊은 여성들까지, 기존의 중고 레코드 가게에서 마주치기 어려웠던 고객층이 보여서 굉장히 신선했어요.

개방적인 매장 공간 컨셉은 제가 낸 아이디어는 아니었어요. 매장 프로듀스를 전문적으로 하는 분과 상의한 결과입니다. 레코드, CD, 잡화 등을 판매하는 매장은 도난 사고가 빈번하게 발생하기 때문에 일반적으로 매장을 만들 때 벽을 만들게 돼요. 하지만 미야시타 파크 지점에는 일부러 벽을 만들지 않았습니다. 처음에는 걱정도 했어요. 하지만 자유롭게 드나들 수 있는 구조가 아니면 젊은 세대의 손님들이 편하게 방문할 수 없다고 생각했어요. 요즘 일본에서 고급 오디오를 전문적으로 판매하는 매장이 몇 곳 남지 않았는데요. 레코드 가게도 비슷한 상황이 될 수도 있기 때문에 이를 방지하기 위해서 젊은 세대나 학생, 그리고 아이들이 편안하게 방문할 수 있게 하려고 지금의 개방적인 인테리어로 결정했어요.

뉴욕 브루클린의 매장도 미국의 현지 음악 팬들에게 많은 사랑을 받는 것으로 알고 있습니다.

뉴욕 매장을 열게 된 과정은 뉴욕에서 생활하고 있는 지인의 영향이 가장 컸어요. 처음에 시티팝은 인기가 없었어요. 오픈하고 몇 개월 지날 때부터 시티팝에 대한 문의가 늘어나기 시작했고, 미국의 많은 래퍼들이 1980년대의 일본 팝음악을 샘플링 하면서 인기가 높아졌어요. 그리고 뉴욕 매장에서 근무하는 스태프의 지인이 유니클로 기획 담당과 인연이 있어 유니클로의 UT 컬렉션 중 하나인 'The Brands The World Of Record Stores'의 콜라보 기획에도 참여하게 되었습니다. 지금도 가끔 거리에서 이 옷을 입은 사람을 볼 정도로 영향력이 대단했어요.

지금까지 말씀하신 것처럼 일본뿐 아니라 해외 및 온라인까지 영역을 확대해서 레코드 매장을 운영하고 계신데요, 경영자로서 페이스 레코드의 운영 방향성이 있다면 무엇인지 궁금합니다.

저희들은 'GOOD REVIVAL COMPANY'라는 미션과 비전이 있습니다. 음악을 비롯한 가치 있는 문화는 과거의 사람들에 의해 미래로 남겨지고 있어요. 다만, 이들은 계승되지 않으면 시대와 함께 묻혀집니다. 여기에 초점을 맞춰서 리바이벌해 가는 것이 저희 FTF가 아닐까 합니다. 진짜배기가 계속 살아남을 수 있는 시대를 만드는 것, 그것이 저희의 비전이면서 존재 가치라고 생각해요. 즉, '세계 속의 멋진 음악을 발견해내고 보존하는 것'이랄까요. 음악의 유행은 순환하고 있기 때문에 훗날 가치관이 맞는 사람들에게 발견되면서 리바이벌되는 것입니다. 지금까지도 오래전의 음악을 발굴해서 세상에 펼치는 역할을 해왔지만 앞으로도 이를 지속해나가려고 해요. 레코드와 CD라는 매개체로 좋은 음악과 문화가 다시금 리바이벌되어 계승되는 선순환을 사회에 공헌하려고 합니다.

그렇다면 페이스 레코드가 추구하는 가치는 무엇인가요?
3개의 행동 방침이 있어요. 첫 번째는 'RESPECT FOR MUSIC', '모든 음악에 경의를 표하다'입니다. FTF의 가장 근저에 있는 것은 음악과 문화에 대한 경의입니다. 자신의 취향을 추구하고, 누군가의 취향에도 열린 마음을 지니는 것이에요. 경의가 있기 때문에 깊이 파고들 수 있고, 정성을 다해 제품을 취급하며, 널리 알리고 싶어지게 됩니다. 저희가 판매하고 있는 것은 단순한 물건이 아니라고 생각해요. 사람들은 그 제품에 담긴 이야기와 추억도 받아들이고 있어요. 음악에 경의를 지니지 않는 사람은 저희 회사에서 일할 수 없습니다. 이는 가치관이 맞는 사람들과 함께 열심히 일하고자 하는 마음이 있기 때문입니다. 그래서 일부러 무게감 있는 단어인 'RESPECT'를 사용해 '모든 음악에 경의를'이라는 의미를 담아 실천하고 있습니다.

모든 음악에 경의를 표한다는 그 가치, 정말 멋집니다. 음악 팬은 많이 있을 수 있지만, 말 그대로 '모든 음악'을 편애 없이, 존경의 마음으로 대하는 사람이 과연 몇 명이나 될까 하는 생각도 해봅니다.
두 번째는 'OLD CREATES NEW', '옛것에서 배우고 새것을 창조하

페이스 레코드 NYC. 유니클로의 UT 컬렉션 중 하나인 'The Brands The World Of Record Stores'의 콜라보 기획 티셔츠.

다'입니다. 저희는 음악과 문화를 발굴하고 계승합니다. 깊게 파고 들어서 진짜가 무엇인지를 올바르게 이해하고 확산시킵니다. 그리고 새로운 진짜를 만들어냅니다. 근거가 없는 것은 표면적인 것밖에 되지 않습니다. 그래서 오래전부터 '온고지신溫故知新'이라는 말을 좋아해요. 젊은 시절부터 음악의 뿌리를 찾아갔던 것이 지금의 매장 스타일을 만드는 데에도 상당히 도움이 되었어요. 물론 역사도 좋아해서 역사 속 과거의 교훈을 현재의 사업으로 반영한 것도 꽤 있습니다.

진짜배기가 계속 살아남을 수 있는 시대를 만드는 것,
그것이 저희의 비전이면서 존재 가치라고 생각해요.
즉, '세계 속의 멋진 음악을 발견해내고 보존하는 것'이랄까요.

어떤 의미에서는 레코드 가게를 찾는 분들이 많이 이야기하는 '디깅 Digging'과 뜻이 닮은 것 같아요. 세 번째는 무엇인가요?

세 번째는 'POWER OF FREEDOM', '자유라는 힘을 증명하다'입니다. FTF는 무언가에 얽매이지 않습니다. 음악은 자유의 상징이며 그 정신을 '일'을 통해 표현하고 실현합니다. 자유롭게 일을 하면서 성과를 냅니다. 자신의 가치관을 다른 사람에게 전달한 만큼, 다른 사람의 가치관을 받아들이는 과정에서 시야를 넓히게 됩니다. 규칙보다도 자립심으로 연계된 조직을 목표로 하고 있어요. 제가 10대였을 때보다는 나아졌지만, 슬프게도 일본에는 록과 블랙뮤직 등 대중음악을 업신여기는 풍조가 아직 남아 있습니다.

그에 비해 미국에서는 사원들의 행복지수가 가장 높다고 하는 유명한 상장기업의 경영자가 히피 문화의 흐름을 계승한 밴드를 따라다니며, 그들의 라이브가 있는 시기에는 며칠간 휴가를 낸다고 합니다. 그걸 공적인 자리에서 밝히고 있어요. 개인의 음악 취향과 비지니스 능력 사이에 상관관계를 두지 않는 진정한 자유가 미국에는 존재하는 듯합니다. 일본에서는 IT기업의 사장이 티셔츠에 청바지를 입으면 매너가 나쁘고 품성이 좋지 않다고 아직도 회자되고 있으니까요. 음악은 자유의 상징이기도 해서 자유로운 사내 분위기로 회사를 성공시키고 싶습니다.

확실히 페이스 레코드 매장을 다니다 보면 스태프들에게서 정형화나 획일화된 분위기가 느껴지지 않은 것이 인상적이었어요.

추가적으로 저희의 태그라인이 'MUSIC GO ROUND'입니다. 음악은 돌고 돕니다. 시간도 국경도 초월합니다. 닳아 없어질 정도로 들었던 음악, 다 같이 들었던 음악, 누구에게도 가르쳐주고 싶지 않은 음악, 이러한 음악들은 지금도 세계의 누군가와 함께 살아 있습니다. 저희는 레코드를 기점으로 문화를 연결하는 존재라고 생각합니다. 물건으로서의 가치, 물건을 넘어선 가치, 그 모두를 받아들이고 발견하며 세계로 전파해갑니다. 음악을 순환시키자. 음악의 맥을 이어가자. 다음 세대는 지금보다 조금 더 재미있게 살아갈 수 있으면 좋겠다, 그래서 태그라인을 'MUSIC GO ROUND'로 했어요. 레코드는 돌리지 않으면 소리가 나오지 않잖아요. 그리고 음악의 유행은 항상 회전하고 있습니다. 그 회전을 따라가야 해요. 오랜 시간 안심하고 일할 수 있는 회사를 만들기 위해서도 '음악은 순환한다'를 캐치프레이즈로 삼고, MVV_{Mission, Vision, Value}를 스탭 전원에게 이해시켜서 음악과 레코드를 통해 다양한 것을 PDCA♠하려고 합니다. 로큰롤 Rock 'n' Roll에 영향을 준 서양 속담인 "Rolling Stones Gather No Moss(구르는 돌에는 이끼가 끼지 않는다)"라는 말처럼 회전을 멈추지 않고 계속 굴러가려고 해요.

경영의 일부이기 때문에 아마 늘 고민하고 계실 듯한데요, 타케이 씨가 생각하는 브랜딩과 마케팅을 잘하기 위한 방법이 있다면 무엇일까요?

저는 브랜딩이나 마케팅에 프로는 아니라서 잘 모르지만, 공부와 정보 수집은 매일 해야 한다고 생각합니다. 제임스 웹 영_{James Webb}

♠ 생산 및 품질 등을 관리하는 방법을 뜻하는 용어로 Plan(계획), Do(실행), Check(평가), Action(개선)을 반복하여 업무를 지속적으로 개선하는 것을 의미한다.

Young은 《아이디어 생산법A Technique for Producing Ideas》에서 '아이디어란 기존의 요소에 새로운 것을 조합하는 것뿐'이라고 말합니다. 따라서 정보량이 많은 사람이 살아남는다고 생각해요. 논문, 잡지, 책 등 무엇이든지 읽고 공부해서 얼마나 정보를 모으느냐에 달려 있는 것 같습니다. 창업가에게 독서는 매우 중요한 것 같아요.

그렇다면 좋은 가게는 어떤 가게일까요?
좋은 가게의 정의라, 어려운 질문이네요. 좋은 가게는 '지속 가능한 가게'라고 생각합니다. 많은 사람들에게 지지를 받으면서 계속되고 있으니까요. 물론 제가 '노포老舗'를 좋아하기 때문일 수도 있지만요. 그리고 스토리가 있는 브랜드가 사랑받는다고 생각합니다. 저는 노스페이스를 좋아해요. 노스페이스는 1966년에 샌프란시스코에 첫 매장을 열었는데요, 오픈 당시부터 음악과 아웃도어가 융합되었던 매장이었습니다. 반체제의 상징인 밥 딜런의 포스터가 매장에 걸려 있었고, 당시의 트렌드였던 장발의 히피들이 드나들던 첨단 매장이었습니다. 게다가 히피 컬처의 중심에 있는 록밴드 그레이트풀 데드 Grateful Dead가 매장 오픈 축하 공연을 한 점은 음악 팬들에게도 공명되었을 거예요. 이처럼 문화적인 백그라운드가 브랜드를 바라보는 인식과 무게감을 높여줬다고 생각합니다.

문화적인 백그라운드를 통해 브랜드의 무게가 깊어진다는 것은 굉장히 공감되는 내용이네요. 그런 브랜드들이 세계 각지에서 더욱 많이 생기면 좋겠다는 생각을 가지고 있습니다. 끝으로 한국에는 오신 적이 있으세요?

예전에 한국에 여행 가기 전날 굴을 잘못 먹어서 식중독에 걸리는 바람에 가지 못한 적이 있어요. 가깝고도 먼 나라구나, 라고 생각했습니다(웃음). 한국의 채소 요리를 좋아해서 예전에는 직접 김치를 담그거나 나물을 만들기도 했어요. 그리고 요즘은 아웃도어 브랜드 헬리녹스Helinox의 의자와 코트Cot를 사용하고 있습니다. 한국 브랜드가 세계로 펼치는 브랜딩 파워는 굉장해요. 아시아 가수로 빌보드 차트에 연속해서 올라가 있는 그룹은 BTS와 블랙핑크 정도잖아요? 어느 아시아 국가의 아티스트도 할 수 없었던 위업이에요. 또한 삼성과 LG, 헬리녹스 같은 브랜드가 순식간에 세계 시장에서 점유율을 획득한 것도 배워야 할 마케팅이 아닐까 생각하고 있어요. 빠른 시일 내에 꼭 한국에 가보고 싶습니다!

RESPECT FOR MUSIC,
모든 음악에 경의를 표하다.
OLD CREATES NEW,
옛것에서 배우고 새것을 창조하다.
POWER OF FREEDOM,
자유라는 힘을 증명하다.

02

21세기의 재즈킷사

가게를 하지 않았다면 만날 수 없는
멋진 분들과 만날 수 있었어요.
그런 손님들의 인생의 한 페이지를
가게라는 입장에서 바라보는 일이
가능한 것도요.

사이토 도시오 & 사이토 아키코

사이토 토시오 & 사이토 아키코　　齊藤外志雄 & 齊藤晶子

rompercicci　　　　　　　　　　　　　　　　　　　　롬퍼치치

일본에는 '재즈킷사ジャズ喫茶'라는 독특한 형태의 가게가 있습니다. 회사원의 월급으로는 레코드 몇 장을 살 수 없었던 시절, 커피 한 잔을 주문한 채 하이엔드 오디오 시스템을 통해 흘러나오는 재즈 레코드를 들을 수 있는 음악 감상실과 같은 곳이에요. 최근 세계 각지에서 이런 일본의 재즈킷사에 영향을 받은 감각적인 킷사텐喫茶店(찻집)이 속속 등장하고 있습니다.

한편 일본에서는 2010년 전후로 과거 재즈킷사의 경험을 바탕으로 한, 지금 시대의 재즈 리스너에게 양질의 음악과 커피 그리고 식사를 제공하는 '21세기의 재즈킷사'가 화제가 되었습니다. 그 대표주자 중의 하나가 바로 나카노에 있는 롬퍼치치rompercicci 예요. 레코드와 킷사텐의 주목도가 어느 때보다 높아져 있는 지금, 이 공간을 운영하는 주인공들이 생각하는 재즈킷사에 대해 이야기를 들어봤습니다.

홈페이지 http://www.rompercicci.com
인스타그램 @rompercicci

품과 치치

Profile

오타쿠의 성지인 나카노 브로드웨이를
지나 옛 정취가 풍기는 상점가를
계속 걷다 보면 나오는 재즈킷사.
2011년에 오픈했으며 대화, 이어폰, 노트북,
세 가지를 금지하고 있는 곳입니다.
매장 체류 시간은 2시간까지.
매장 직원이 친근하게 이야기를 건네지 않는
타입의 가게입니다.

사이토 토시오 & 사이토 아키코

롬퍼치치는 어떤 계기로 오픈을 하게 된 가게인가요?

사이토 토시오(이하 ST)　평범한 직장인이었어요. 타성에 젖은 채 10년 정도 근무했죠. 그런 와중에 동일본대지진이 일어났고 이렇게 일만 하다가 생을 마감하면 제 자신이 너무 불쌍할 것 같다는 생각이 들어서 회사를 그만두고 재즈킷사를 열게 되었어요. 많은 업종 중에 왜 재즈킷사였냐 물으신다면 단지 재즈 레코드를 가지고 있었고, 좋아하는 재즈킷사가 있었기 때문입니다. 단순하죠?

사이토 아키코(이하 SA)　가끔 다녔던 재즈 라이브에서 맬 왈드론Mal Waldron을 보고 감명을 받아서 이후 재즈 CD를 찾아서 듣거나 재즈킷사에서 아르바이트를 하기도 했어요. 회사를 다닐 때에는 재즈킷사에 들르는 것이 생활의 즐거움이었답니다. 남편과 함께 가게를 열어도 좋지 않을까 하는 생각은 하고 있었어요.

동일본대지진은 정말 일본에 계신 분들에게 인생의 전환점이 된 하나의 역사가 아닐까 싶네요. 가게 이름을 롬퍼치치로 하셨는데 어떤 의미를 담고 있나요? 그보다 어느 나라 말인지도 상상이 잘 안가는 단어여서요.

SA　생각나는 대로 나와버린 이상한 단어라서 처음에는 저항감이 있었어요.

ST　재즈킷사를 시작하려고 마음먹었을 때, 가게 이름이 '너무나도 재즈킷사' 같지 않았으면 했어요. 고민을 많이 했죠. 어느 날 아내가 '롬퍼치치'라고 말했는데 좋더라고요. 그래서 가게 이름이 되었습니다. 지금도 특별한 의미는 없어요. 한번 의미를 담아보려고 생각한 적은 있어요. '링컨 대통령의 중학교 시절 라틴어 선생님 이름이다'라는 의미로 해볼까 생각했는데요, 굳이 거짓말을 하면서까지 의미를 붙일 필요가 없겠더라고요.

즉흥적으로 만들어진 이름이었군요. 느낌이나 발음이 재즈 같아서 마음에 듭니다. 그럼 롬퍼치치의 특징과 컨셉은 무엇인가요?

ST   저희 가게는 '재즈를 들어주세요'가 아닌 '조용히 계셔주세요'라는 성격이 더 강합니다. '재즈 팬이 모이는 가게'보다는 '다른 사람들의 대화 소리에 방해받지 않으면서 자신의 시간을 보낼 수 있는 가게'로 있고 싶다고 생각해요.

SA   다양한 장르의 재즈를 큰 볼륨으로 틀고 있지만 대화를 나누는 소리와 노트북을 사용하는 소리 등에 불편함을 느끼지 않는 조용한 공간을 항상 보장하려고 하고 있어요.

롬퍼치치를 생각하시면서 설정하셨던 타깃이 있었을 것 같아요.

ST   오픈 당시에는 '서비스 차지 없음, 전원(콘센트) 있음, 와이파이 있음'을 바깥 입간판에 표기했었습니다. 확실히 업무를 하러 오는 손님들이 많았어요. 그렇다 보니 객단가와 회전율이 낮고, 이어폰이나 헤드폰을 사용하시면서 자판을 두드리는 분들도 계셔서 재즈킷사와는 궁합이 맞지 않았죠.

SA   '집으로 바로 가고 싶지는 않고, 익숙한 가게에서 가게 주인이나 단골들과 섞여 이야기하고 싶지 않은, 하지만 체인점으로는 뭔가 부족함을 느끼는 분들을 위한 공간'을 생각했어요. 하지만 가게를 처음 열었을 때는 누구라도 와줬으면 좋겠다는 마음이

컸기 때문에 와이파이와 전원 콘센트를 갖춘, 노트북 사용이 가능한 가게로 자리잡게 되었죠. 그 상태를 어느 정도 지속했지만, 양립할 수 없는 방향으로 갈 것 같아서 용기를 내어 궤도를 수정했습니다. 결과적으로 지금은 처음에 생각했던 스타일의 손님들이 대부분을 이루는 것 같다는 희망적인 관측을 하고 있어요.

롬퍼치치를 운영하는 데 중요한 부분은 무엇인가요?

ST 운영하는 제 자신의 정신적인 건강함이 가장 중요하다고 생각하고 있어요. 손님들은 대체 가능하지만 저 자신의 멘탈은 대체 불가능하니까요. 그래서 팬데믹이 시작되고 나서는 조깅을 하고 있어요. 한 번에 10km 정도의 거리를 주 3~4회 정도 달리고 있습니다. 달리기를 하면 지쳐버리기 때문에 가게의 세세한 문제는 아무래도 상관없게 되어버려요. '오늘은 매상이 안 좋구나, 그럼 내일을 기대해야겠네'처럼요. 이런 태도가 가게 운영에 좋을지 아닌지는 의문이지만, 정신 건강을 유지하기에는 좋아요.

SA 가게를 지속하기 위해서라도 저와 남편의 관계가 무너지지 않도록 하는 일도 중요한 것 같아서 서로 노력하고 있어요. 더불어 제가 좋아하는 스타일의 가게를 운영하고 있어도 때로는 환영하기 어려운 분들을 만나게 되는 경우가 있어요. 그럴 때 주의드리기 어려운 부분이 있더라도 잘 전달하려고 해요. 그리고 롬퍼치치의 분위기와 잘 맞는 분들만 찾아와도 괜찮다는 생각을 갖고 나서는 정신적으로도 매우 건강하게 운영할 수 있게 되었어요.

롬퍼치치를 운영하면서 생긴 추억의 에피소드가 있을까요?

ST 다양한 일이 있지만 가장 기억에 남는 것은 '카레에는 피클을 곁들여야만 한다'는 손님의 이야기를 2시간 이상 서서 들었던 것이에요. 그리고 '재즈킷사의 카운터에 앉아서 마스터와 편하게 세상 돌아가는 이야기를 하는 게 일과'라는 손님들도 간혹 있으세요. 매장에서 이야기를 나누는 것을 지양하길 바라는 저희 가게와는 매우 다른 거죠. 한번은 그런 스타일의 손님이 방문하셔서 끈질기게 말을 걸어오길래 "저희는 대화 금지입니다. 말을 걸지 말아주세요"라고 말씀드렸더니 "다시는 여기 안 올 거야!"라며 막말을 던지시더라고요. 저도 "꼭 그렇게 해주세요!"라고 대꾸했어요.

SA 가게 문을 닫을 시간 즈음, 평소에는 차분했던 손님이 상기된 얼굴로 찾아와 아이를 출산했다는 이야기를 해주셨던 일, 취한 손님이 다른 테이블의 손님에게 주문 좀 더 하라고 싸움을 건 일, 노트북을 사용할 수 있던 시절에 "여기에서 쓴 책이에요!"라면서 어려운 내용일 것 같은 책을 선물받은 일, 정기 휴일에 가게에서 일을 보고 있을 때 오디오 마니아들이 들어오려고 해서 거절을 했더니 "이런 가게는 망한다"고 큰 소리로 외친 일 등 웃지 못할 에피소드들이 많습니다. (웃음)

이건 손님과의 에피소드라기보다는 기억에 남는 분이라고 해야 할 것 같은데요. 손님이 없던 장대비가 내리는 밤, 가게 앞에 자전거를 세우고 꽤 오랜 시간을 들여 우비를 벗고 짐을 내린 후 가게에 들어오셔서 "논알콜 맥주가 있나요?"라고 물으신 분이 계셨어요. "죄송합니다만 저희 가게에는 논알콜 맥주가 없습니

달리기를 하면 지쳐버리기 때문에
가게의 세세한 문제는 아무래도 상관없게 되어버려요.
'오늘은 매상이 안 좋구나, 그럼 내일을 기대해야겠네'처럼요.
이런 태도가 가게 운영에 좋을지 아닌지는 의문이지만,
정신 건강을 유지하기에는 좋아요.

다"라고 전하니 괜찮다고 하시곤 다시 빗속에서 꽤 오랜 시간을 들여서 우비를 챙겨 입으신 후 떠나셨는데요, 장대비가 내리는 날이면 항상 그 분이 생각나요.

어떤 일이나 다 그렇겠지만 자영업을 하시는 분들은 상상 이상인 손님과의 에피소드를 하나씩은 가지고 계신 것 같네요. 가게를 운영하시면서 좋았던 점이 있다면 무엇일까요?

ST 직장 생활을 할 때보다 훨씬 낮은 스트레스로 지내고 있어서 모든 것이 가게를 하면서 좋았던 점이라고 할 수 있을 것 같아요.

SA 처음 방문하신 손님이 다시 찾아주시는 일이 반복되면서 단골이 되어주시는 것이에요. 가게를 하지 않았다면 만날 수 없는 멋진 분들과 만날 수 있었어요. 그런 손님들의 인생의 한 페이지를 가게라는 입장에서 바라보는 일이 가능한 것도요. 그리고 명절과 같은 휴일에 영업을 하고, 사람도 적고 비용도 저렴한 비수기에 여행을 갈 수 있는 것도 좋습니다.

롬퍼치치를 운영하면서 어려운 점이 있으신가요?

ST 예전에는 저희와 가까워지고 싶어서 거리를 좁혀오는 손님들이 있으셨어요. 저희도 적절히 대처하지 못해서 가게 이외의 장소에서 몇 번 뵙기도 했는데, 많은 경우 그리 좋은 방향으로 발전하지 못하고 지치게 되더라고요. 지금은 그런 상황이 되는 것을 경계하면서 대처하고 있어요.

SA 어느 장르에나 있겠지만 '재즈킷사라는 이름을 건다면 이래야 한다'고 말씀하시는 분들이 계세요. 그럴 때 상대하지 않는다거나 무시하는 힘을 몸에 익히게 되었습니다. 이곳이 편하게 머물 수 있는 공간인 이유는 그 자리에 있는 손님에게 기인하고 있다고 생각해요. 그렇기 때문에 눈앞에 보이는 매상에 마음을 뺏기지 않고 가게에 맞지 않는 손님은 가급적 오시지 못하도록 대처할 수 있게 되었어요.

최근 문화에 관심이 많은 한국의 젊은 세대에서는 재즈킷사의 마스터가 어느 중고 레코드 매장에서 어떻게 레코드를 찾고 어떤 스타일로 레코드를 트는지 많은 관심을 갖고 있는 듯합니다.

ST   저 같은 경우 레코드의 90% 정도는 디스크 유니온에서 사고 있습니다. 신주쿠와 키치죠지 그리고 나카노 지점은 매주 1회 정도 다니고 있어요. 그 외에도 오차노미즈, 시부야, 타카다노바바, 시모기타자와 매장에도 다니고 있습니다. 그 외의 10%는 시부야의 페이스 레코드에서 구입하고 있고요.

매장에서 플레이되는 레코드들은 비교적 저렴한 레코드들입니다. 다른 사람들이 탐내는 명반이나 희귀반은 좀처럼 사기 힘들어요. 그렇다 보니 아무도 모르는 마이너한 스타일의 레코드를 살 때가 많아요. 100장 중에 한 장 정도는 상당히 좋은 내용의 앨범을 찾을 수 있어요. 그런 앨범은 저희 가게가 발굴해낸 보물이라서 가게의 레코드 선반에 항시 비치하고 있고 자주 틀어요. 가게 인스타그램에는 앨범이 좋든 아니든 모두 소개하고 있는데요, 가끔 엄청 칭찬하고 있는 레코드가 있다면 '아, 새로 발굴해낸 보물이구나'라고 생각해주시면 됩니다.

롬퍼치치의 인스타그램을 보는 재미가 더해지겠는데요! 그럼 앞으로의 롬퍼치치의 목표는 무엇인가요?

ST   일단은 가게가 문을 닫지 않도록 노력하려고 합니다.

SA   가게를 시작했을 당시에는 시간 제한과 대화 금지 등의 규칙은 전혀 만들고 싶지 않았는데요, 상상을 벗어나는 행동을 하는 손님들로 난처하게 된 결과 점차 규칙으로서 명문화하게 되었습니다. 하지만 오랜 기간 동안 찾아주시는 손님들은 원래부터 그런 규칙이 있었냐면서 눈치채지 못할 정도로 전혀 가게 정책에 저촉하지 않은 분들이 많아요. 특히 젊은 분들이 타인과 공유하는 공간에서의 머무는 방식에 대한 배려가 있어 미래가 밝다는 느낌을 받고 있습니다.

가게와 브랜드를 만들려고 하는 사람들에게 한 말씀해주세요.

ST   저희들은 '재즈킷사'라는 일본에서 오래 전부터 있어왔던 특수한 종류의 킷사텐 포맷에 편승해서 가게를 시작했습니다. 하지만 주변에 비해 도드라지는(눈에 띄는) 가게와 브랜드를 시작하려고 할 때 그것이 전례가 없는 독창적인 것이라면 주변에서 알아주기까지 상당히 고생을 할 거라고 생각해요. 혹시라도 생각하고 있는 가게나 브랜드가 편승할 수 있는 기존의 포맷이 있다면 다소 무리가 있더라도 그 이름을 사용해서 첫 걸음을 내딛는 편이 주위에서 인지하는 진입 장벽을 확 낮출 것 같다는 기분이 듭니다.

SA   한다고 마음을 먹었다면 강한 마음을 지녀야 해요.

그럼 좋은 가게나 좋은 브랜드란 어떤 것일까요?

ST   몬젠나카쵸에 있는 '우오산 사카바魚三酒場'라는 곳이 좋은 가게를 체험할 수 있는 장소라고 생각해요. 예전부터 이어져 온 선술집이고, 맛있는 술과 요리를 저렴한 가격으로 제공하고 있습니다. 4층 건물의 큰 가게인데요, 오후 4시 오픈 시간에는 연세가 있으신 분들을 중심으로 줄을 서고 있는 모습을 볼 수 있어요. 가게에 들어서면 오랜 시간 만들어진 독특한 분위기가 있어서 처음 방문한다면 다른 세계에 발을 들여놓은 것 같은 기분이 들게 하죠. 하지만 매장 스태프들이 살갑지는 않답니다. 항상 바쁘게 일하고 있는 스태프들의 잠시 틈이 나는 순간의 타이밍을 노려서 주문을 하는데요, 그 타이밍을 못 맞추면 영원히 주문할 수 없어요. 주문이 들어갔을 때 기쁨과 성취감(?)이 있는 곳입니다. 이렇기 때문에 어떤 사람들은 '이런 가게는 두 번 다시 찾고 싶지 않다'고 하기도 합니다. 실제로 온라인 리뷰에 쓰여 있어요.

그런데 이런 것들 모두가 '가게가 손님을 고르는 것'을 실천하고 있는 예라고 생각해요. 뭐랄까요, 일부러 무뚝뚝한 것도 아니고, 처음부터 그런 스타일로 운영해왔어요. 그렇기 때문에 처음 방문한 손님이 안 좋은 이야기를 해도 동요하지 않습니다. 자신들에게는 오래 전부터 함께해 온 손님들이 곁에 있으니까요. 과장되거나 억지스러운 접객이 아닌 그 가게만의 방식대로 운영되는 손님들로 가득한 가게를 둘러보면서 '이 가게는 엄청난 곳이구나'를 느끼게 됩니다. 굉장한 체험이었고, 좋은 가게라고 생각하게 되었어요.

SA　멀리서 둘러보면 오랜 시간 동안 변함이 없는 것처럼 보여도 세심한 유지 관리, 그리고 작은 변화를 반복하고 있는 곳이 좋은 가게, 좋은 브랜드라고 생각합니다.

03

좋은 풍경을 지닌 라이프스타일의 제안

무언가 굉장히 뛰어난 것을
만나게 되면 소개하고 추천하고
싶어집니다.
저 혼자만 그것을 감상하고
좋아하기보다는 공유하고 싶어 하는
타입이거든요.

나카하라 신이치로   中原慎一郎

CONRAN SHOP JAPAN   콘란샵 재팬

과거 요요기에서 생활한 경험 때문일까요? 지금도 가끔 센다가야라는 요요기와 하라주쿠 사이에 있는 작은 동네에서 생활하고 싶다고 생각합니다. 도심의 번화가에서 적절하게 거리를 둔 이 동네에는 학교와 주택가가 있고, 그 주변에는 공원과 개인의 개성이 느껴지는 브랜드의 매장 그리고 크리에이티브 계열의 기획사나 작업실이 공존하고 있어요. 걷고 있으면 어딘지 모르게 주변 풍경에서 느껴지는 기분 좋은 편안함이 감도는 곳입니다. 그리고 개인적으로 이 공간은 '나카하라 에리어 Nakahara's Area'로 오랜 시간 동안 자리하고 있어요. '나카하라 에리어'의 주인공은 현재 콘란샵 재팬 CONRAN SHOP JAPAN 의 대표 이사로 재직 중인 나카하라 신이치로입니다.

과거 센다가야 일대에서 오리지널 가구 브랜드, 카페, 요식업 매장 등을 전개하면서 디자인으로 양질의 라이프스타일을 제안해온 그가, 2022년 콘란샵 재팬의 대표로 취임했다는 뉴스를 접하면서 '라이프스타일 매장'의 원조인 더 콘란샵 매장을 향후 일본에서 어떻게 전개해갈지 기대한 기억이 있습니다. 그리고 마루노우치, 다이칸야마, 아자부다이힐스 등 하나하나 모습을 드러내고 있는 공간에는 각 매장마다 테마를 갖고 생활을 윤택하게 만들어주는 콘텐츠를 제안하는 풍경을 마주할 수 있었습니다. 그가 건네는 좋은 풍경을 지닌 라이프스타일의 제안은 무엇일까요? 나카하라 신이치로 씨의 이야기를 들어봤습니다.

홈페이지 https://www.conranshop.jp
인스타그램 @theconranshop.japan

콘란샵 재팬

Profile

1971년 가고시마 출생.
'랜드스케이프 프로덕트Landscape Products' 창립자.
도쿄 시부야구에서 오리지널 가구 등을
취급하는 '플레이마운틴Playmountain',
카페 '타스 야드Tas Yard' 등을 전개했고
가구를 중심으로 하는 인테리어 디자인과
기업과 콜라보한 프로덕트 디자인을 진행한다.
디자인으로 좋은 풍경을 만드는 것을 테마로
활동하고 있다.
2022년 4월 주식회사 콘란샵 재팬의
대표이사 겸 사장으로 취임했다.

나가하라 신이치로

더 콘란샵 도쿄.

어린 시절이나 학창 시절의 나카하라 씨는 어떤 아이였나요?
저는 가고시마 출신이에요. 부모님은 케이터링 업체와 하숙집을 운영하셨는데요, 어릴 때부터 부모님과 함께 일하는 사람들을 비롯해 많은 사람들이 주변에 있었어요. 만들기나 그림을 그리는 것을 좋아했어요. 부모님께서 말씀하시길 무언가를 사서 쓰기 전에 직접 만들어 봤다고 하시더라고요. 직접 골판지를 자르거나 뭔가 궁리해서 만드는 걸 좋아했대요. 초등학교 때도 쉬는 시간이면 혼자 무언가를 만들어서 놀았어요. 친구들이 말하길 책상 가장자리에 구멍을 만들어서 공을 굴리는 게임 같은 것도 했다고 하더라고요. 여러 명이 함께 일하거나 직접 만드는 일을 즐거워하는 건 어렸을 때부터 자란 환경 때문인 듯합니다.

콘란샵 재팬 대표 이전에는 랜드스케이프 프로덕트(이하, 랜드스케이프)의 설립자셨습니다. 가구나 제품, 그리고 카페와 레스토랑까지 다양한 브랜드를 만들고 운영하셨어요. 가구나 제품과 관련된 일을 하시게 된 계기가 궁금합니다.
국립가고시마대학교 교육학부 내 디자인학과를 다녔는데, 사실 재미가 없었어요. 아르바이트 할 곳을 찾다가 아르누보 Art Nouveau 나 아르데코 Art Deco 스타일의 가구를 취급하는 골동품 가구점 '그레이스'에서 일하게 되었는데, 카페도 함께 운영하고 있는 곳이었죠. 그 당시 일본은 버블 경제 시기여서 매출이 좋았고, 재미있는 손님들도 많았어요. 사장님도 분위기 있고 카리스마 있는 멋진 여성분이셨죠. 그곳에서 가구의 재미를 알게 되었고, 카페 업무도 하면서 커피를 내리고 케이크를 만드는 일의 재미도 알게 되었어요. 그레이스에서

앤티크 가구의 재미를 알게 되었지만, 결국은 직접 가구를 만들고 싶었어요. 모던 디자인에 흥미가 생겨서 대학을 졸업하고 도쿄로 왔습니다. 당시에는 임스Eames나 허먼밀러Herman Miller 같은 미드센추리Mid-century가 다시 유행했던 시기였어요.

임스와 같은 모던 디자인에 관심을 갖게 된 계기가 있으신가요?
대학 교수님들 중 공예 디자인을 하시는 분이 갖고 계신 임스 체어와 임스 같은 스타일의 여러 디자이너가 디자인한 포스터를 보고 '세상에 이런 디자인이 있구나' 생각했어요. 그리고 도쿄에 와서 〈브루터스BRUTUS〉가 특집으로 진행했던 '임스-미래의 가구' 기사를 보고 재미있다고 느꼈어요. 1995년 5월에 나왔네요. 오카모토 히토시 씨가 담당한 특집이었죠.

당시의 일본은 자신만의 라이프스타일을 갖고 살아가는 사람들이 뚜렷하게 나타났던 시기였어요. 물론 오래전부터 그런 생활을 살아가고 있는 사람들이었지만, 라이프스타일 전반에 대한 균형 잡힌 시각을 가진 에디터들을 통해 이들이 소개되는 좋은 시기였던 것 같아요. 패션 스타일뿐 아니라 듣고 있는 음악이나 갖고 있는 물건까지 여러 요소들이 연계되어 소개되었어요. 오래된 디자인이지만 대중에게 소개하고 제안하는 재미가 있었고, 그게 유행했던 시기예요. 그 당시만 해도 비싸지 않은 가격으로 가구를 구할 수 있었답니다. 피에르 잔느레Pierre Jeanneret나 장 프루베Jean Prouvé의 가구들도 비싸지 않았어요. 임스의 빈티지 의자는 당시에 3~4만 엔 정도에 팔았으니까요. 지금은 두 배 이상 오른 것 같네요. 멋진 옷을 잔뜩 사거나, 음반을 잔뜩 사고 의자 하나만 놓아 두는 것이 젊은이들 사이에서 큰 유행이었어요. 현대적인 것, 현대적인 옛것에 관심을 두고 회사에 취직해 6~7년 정도 근무하다가 독립했습니다.

랜드스케이프의 시작이군요.
네, 제 주변에 가구를 만들 수 있는 좋은 후배가 있어서 회사를 그만두고 독립해서 2000년에 랜드스케이프를 설립했습니다. 처음에는 공간 디자인과 가구 제작 및 판매를 하는 브랜드인 플레이마운틴 Playmountain부터 시작했어요. 그러다가 센다가야에 좋은 장소를 발견했고, 그레이스에서 가구점과 카페가 함께 있던 좋은 경험을 반영하여 카페 '타스 야드'를 운영하게 되었습니다.

말씀처럼 랜드스케이프는 플레이마운틴을 시작으로 인테리어 디자인뿐 아니라 공예를 비롯해 일본 내외 작가들의 작품을 전시하는 큐레이터스 큐브Curator's cube, 카페이자 레스토랑인 타스 야드, 커피 스탠드 비 어 굿 네이버 커피 키오스크BE A GOOD NEIGHBOR COFFEE KIOSK, 누들 바인 포Phở 321, 심수관요沈壽官窯와 공동제작하는 친 주칸 포터리CHIN JUKAN POTTERY도 있으시고요.
랜드스케이프가 다양한 브랜드를 기획하고 운영할 수 있었던 건 타이밍이 잘 맞았던 것 같아요. 여러 가지(브랜드)를 위성처럼 만들어서 이들이 모인 전체가 랜드스케이프(좋은 풍경)를 만들고 싶었습니다. 회사 문화도 마찬가지고요.

그럼 나카하라 씨가 더 콘란샵을 처음 경험한 건 언제였나요?
대학교 1~2학년 때였던 것 같아요. 그레이스의 사장님과 영국에 함

더 콘란샵 다이칸야먀.

께 갔어요. 런던에 도착한 첫 날, 사장님이 데리고 간 곳이 숙소 근처에 있는 더 콘란샵이었죠. 1980년대 후반에 생겼기 때문에 아마 생긴지 3~4년 정도 됐을 거예요. 그때 굉장히 충격을 받았죠. 가구도 팔고, 처음 보는 여러 잡화들과 세련된 물건도 많고, 레스토랑도 있고, 꽃집도 있었어요. 그때의 경험이 제 마음속에 자리 잡았던 것 같아요.

콘란샵을 설립한 테렌스 콘란 Terence Conran은 스스로는 자신이 잘한다고 절대 말하지 않겠지만 가게를 운영하는 일을 좋아하고, 가게라는 형태를 잘하는 사람이에요. 저도 그렇게 되고 싶다고 생각하고 있고요. '가게를 잘한다'는 말, 제가 요즘 자주 하는 말인데요, 요즘에는 어떻게 하면 멋진 공간을 만들 수 있는지 누구나 알 수 있는 시대지만, 아무도 하지 않았던 그 시대에 그런 일을 했다는 것도 그렇고, 가게를 멋지게 만든 것도 그렇고, 독특한 분위기를 가진 가게를 만드는데 굉장히 능숙한 사람이었던 것 같아요.

콘란샵 재팬의 대표가 되신 것은 언제인가요?
2022년부터예요. 사실 랜드스케이프의 여러 브랜드와 업무들이 안착하고 순항하기 시작하면서 외부와의 업무를 더 많이 하기 위한 접점을 제가 직접 움직여 보려고 생각했어요. 이를 위해서 사장직을 이케다 씨에게 양보했죠. 아마 코로나 이전이었던 것 같아요. 그러던 중 2021년 연말에 제가 콘란샵 재팬의 대표로 추천되었다는 이야기를 듣게 되었어요. 처음에는 농담인 줄 알았죠. 그때가 테렌스 콘란이 사망한 지 1~2년 정도 지났을 때라 더 콘란샵이 어떻게 변화할지 궁금했어요. 사실 저도 매장 자체에 오랫동안 가지 않았어요.

제가 원하고 자주 갔던 시절의 더 콘란샵보다는 매력이 부족한 것 같았거든요. 그렇다면 내가 더 콘란샵에서 뭔가 할 수 있는 일이 없을까로 생각이 이어지면서 대표를 하기로 결심하게 되었어요.

콘란샵 재팬의 대표가 되시고 나서 목표를 세우셨을 것 같아요.
지금은 편집숍이라는 개념을 일상생활에서 쉽게 접할 수 있지만, 콘란샵이 일본에 처음 진출했을 당시에는 더 콘란샵을 통해 유럽의 특색 있는 제품을 만나고 재미와 흥미를 느낄 수 있었어요. 하지만 지난 30년 동안 콘란샵과 테렌스 콘란이 해왔던 홈퍼니싱숍과 편집숍 형태가 일본을 포함한 전 세계에 흡수되거나 모방되었어요. 그런 면에서 세계 최초이자 글로벌 규모의 라이프스타일 편집숍이 지금 무엇을 하고 있는지 기대와 관심을 받고 있지만 동시에 어려운 측면도 있습니다. 그래서 전 세계를 돌아다니면서 단순히 새로운 것을 찾기보다는 디자이너나 메이커들을 제대로 만나야 할 필요성을 느꼈어요. 그리고 그 나라의 생활상과 문화를 잘 아는 분들과 함께 디자이너, 공예가, 생산자들을 만나는 일을 중요하게 생각했습니다. 단순히 소문과 탐색을 통해 수입을 결정하기보다는 잘 아는 분들과 함께, 그리고 직접 만나서 물건을 선택하고 싶었어요. 그래서 도쿄 다반사에게도 부탁을 드렸던 것이고요.

저랑 다니실 때 신규 매장을 위한 리서치라고 하셨는데, 그 첫 번째 결과물이 다이칸야마 매장인가요?
네, 맞습니다. 사실 더 콘란샵의 모든 머천다이징은 영국 본사에서 하고 있고 따라야 하는 부분이 있어요. 하지만 2023년 4월에 오픈한 다이칸야마 매장의 경우, 아시아에 초점을 맞추고 로컬(일본)에서 자체적으로 편집하는 매장으로 제안했고, 어느정도 자유를 얻어서 개발하고 운영하고 있습니다. 'PLAIN, SIMPLE, USEFUL'이라는 테렌스 콘란과 콘란샵의 모토와 감각 하에 아시아 각지의 안목 있는 전문가들과 협력하여 다이칸야마 지점만의 독자적인 상품 선택을 전개하고 있습니다.

아시아에 초점을 두신 이유가 있을까요?

지금 일본을 포함한 아시아 각지에서는 흥미롭고 뛰어난 제작자가 등장하고 있어요. 유럽과 미국에서 공부한 후 아시아로 거점을 옮긴 디자이너, OEM으로 단련된 기업, 전통 기술을 현대적으로 표현하는 공예가와 장인 등 그들이 만들어내는 고품질의 흥미진진한 상품들을 제안하기로 했어요. 그리고 이 과정에서는 반드시 직원들이 직접 제작자를 만나 이야기를 듣고자 합니다.

쉬운 과정은 아니었을 것 같아요.

사실 주어진 시간이 많지 않았어요. 그렇다면 투입 인력과 비용을 높이는 방법을 적용할 수 있지만, 회사의 장점과 부족한 점, 더 발전시킬 수 있을지를 우리 스스로 느끼고 환기시켜야 하기에 힘든 작업이었어요. 저는 큰 틀을 만들고, 제품의 탐색과 선택은 직원들에게 맡겼습니다. 직원들에게는 'PLAIN, SIMPLE, USEFUL'이라는 콘란샵의 감각이 이미 자연스럽게 스며들어 있었기 때문이죠. 모두가 갖고 있는 감각을 잘 표현하고, 변경이 필요한 부분은 바꾸고, 공통적인 생각은 잘 적용하고, 좋은 품질을 지속적으로 유지한다면 의미

있는 부활을 할 수 있을 것이라 생각했어요.

저도 나카하라 씨가 대표가 되신 후에 콘란샵을 더 찾아보게 되고 관심을 가지게 되었어요. 진행하신 캠페인 중에 '체어 마니아CHAIRマニア'가 나카하라 대표가 만들어가는 콘란샵 재팬의 방향성 중 하나가 아닌가 생각하기도 했고요. 더 콘란샵은 라이프스타일숍이나 컨셉숍의 원조 격인 가게잖아요. 일본도 그렇고, 한국도 그렇고 '라이프스타일'이나 '셀렉트숍'을 컨셉으로 한 가게들이 많습니다. 지금 이 시대에 도쿄에서 컨템포러리숍으로서 무엇을 하고, 무엇을 제안해야 하는지에 대해서 여쭤보고 싶습니다.

테렌스 콘란이 출간한 재미난 책들을 보면 그가 생각했던 것들을 알 수 있어요. 그런 부분을 캐치해서 다루려고 합니다. 단순히 '수납 캠페인'이라고 하면 재미가 없지만 '테렌스 콘란의 수납법'이라고 하면 궁금해지잖아요? 그런 느낌으로 고객에게 제안하는 거죠. 생활에 힌트를 제안한달까요? 체어 마니아도 같은 맥락입니다. 누군가가 자신에게 의자를 알려주고, 취향을 보여준다는 점이 재미있고, 이를 계기로 좀 더 깊이 파고들 수 있다면 재미를 넘어 의미가 있죠. 이처럼 색다르고 제대로 된 큐레이션을 진행하는 것으로 본사와 조율하면서 시도하고 있어요. '제대로' 할 수 있는 능력을 우리 직원 모두가 갖고 있기 때문에 실제로 적용하고 발휘하면 좋겠다는 생각이에요.

콘란샵 재팬 캠페인 체어 마니아.

라이프스타일숍이나 컨셉숍을 과거부터 현재, 그리고 미래라는 시간의 흐름으로 봤을 때 누군가의 감각으로 선택한 것을 제시하는 장소가 아닐까 합니다. 인간의 일상이라는 게 근본적으로는 그리 변하지 않았기 때문에 과거부터 쌓아온 거의 동일한 요소들 중에서 무언가를 선택해서 제안한다고 생각해요. 그렇다면 그 시대를 읽는 기준이나 이야기를 선택하는 기준이 중요할 것 같습니다. 그런 점에서 나카하라 씨가 생각하는 시대를 읽는 기준이나 이야기를 고르는 기준은 무엇인가요?

역시나 제가 만나고 경험한 것에서 시작하게 됩니다. 현재 활동하고 있는 작가의 작품이든 사망한 작가의 작품이든 제가 만난 것들 중에서 '무언가' 뛰어난 것들이 있습니다. 이것을 무엇이라고 표현해야 할까요? 랜드스케이프에서도 자주 이야기했던 부분인데요, 물건이 만들어지기까지 사람이 관여하는 방식이라고 해야 할까요? 맨메이드 오브제 Man-made object가 적절하려나요?

굉장히 감각적인 관점인 것 같아요. 기술만 좋다고, 소재가 좋다고, 디자인이 좋다고 갖춰지는 건 아닌 듯해요. 이런 관점에서 무언가 굉장히 뛰어난 것을 만나게 되면 소개하고 추천하고 싶어집니다. 저 혼자만 그것을 감상하고 좋아하기보다는 공유하고 싶어 하는 타입이거든요. 물론 직관적으로 좋다는 경험만으로는 부족해요. 내가 좋다고 경험한 것뿐 아니라 배경과 인물상, 그리고 역사적인 측면도 포함되어 있어요. 여러 가지를 보고, 만나고, 판매도 하고, 관련 서적도 읽고, 이미 사망한 사람의 물건이라면 역사를 찾아보죠. 전시회를 통해서 알게 되는 것들도 있어요. 구입하는 것도 중요해요. 작가에 대해 알기 위해서 공방에 방문하는 등 관련한 여러 가지를 합니다. 내가 직접 움직인다는 것이 중요하니까요.

예전에 나카하라 씨 인터뷰에서 봤던 것 같은데요, '물건과 물건이 대화하는 상점'이라는 표현이 있었습니다. 앞으로 콘란샵 재팬의 목표도 이 부분이 적용될 것 같은데요. 향후 콘란샵 재팬의 목표는 무엇일까요?

이 가게가 공원과 같은 존재감이 생겼으면 좋겠습니다. 사람들이 오가는 것이 이곳의 존재 방식이라고 해야 할까요. 이 공간에는 디자인 제품, 공예품 등 여러 가지들이 있지요. 여러 요소들이 자연스럽게 보여지고, 가게를 찾는 손님들과 일하는 직원들 모두에게 이곳이 모이는 장소로서 재미를 느끼는 풍경을 다시 한번 되찾고 싶습니다. 그렇게 하면 자연스럽게 좋은 정보가 들어오고, 좋은 상품이 들어오고, 좋은 직원이 들어오고, 좋은 손님이 찾아오는 등 즐거운 교류가 생길 것이라 생각해요. 지금 이 순간에도 새로운 시각을 갖고 즐길 수 있는 세대가 분명히 있습니다.

어제도 우연히 무사시노 미술대학교의 졸업 작품전을 관람했는데, 재미있어서 좋았어요. 형편없는 전시회보다 낫다고 생각했습니다. 우수한 사람들이 속속들이 성장하고 있구나 싶어서 우리도 좀 더 이해하려고 노력해야 한다는 마음이 들었습니다. 노력과 수준을 높여야 우수한 사람들이 일하고 싶어 하는 가게가 될 수 있을 것 같고요.

그런 의미에서 앞으로도 나카하라 씨 시대의 콘란샵 재팬을 저도 기대하겠습니다. 랜드스케이프에서 나카하라 씨는 설립자지만, 콘란샵 재팬은 그렇지 않죠. 직원분들과의 소통 포인트는 무엇일까요?

보편적으로 계속 좋다는 것은 어려운 일이죠.
사람들도 변하잖아요.
그 변화를 제대로 즐기면서 가게도 변화하고 발전해 나가는 것이
좋은 가게의 연속성이라고 생각합니다.

각자가 가진 능력은 시간이 지나면 자연스레 알게 되기 때문에 이야기를 나누거나, 미팅을 하면서 각자의 능력을 파악합니다. 그리고 이들이 지금 시대에 해야 할 방향으로 업무를 체인지해 주거나 더 잘할 수 있도록 북돋아 줍니다. 부서를 바꾸기도 하죠. 능력이 아직 드러나지 않았을 때는 그걸 찾아내는 걸 굉장히 좋아해요. '이 사람은 지금 A라는 일을 하고 있는데 이런 면이 있구나' 하는 걸 발견하면 바로 시도해보고 싶어요. 이 부분은 속도감을 갖고 진행하려고 합니다.

일반 대기업의 조직의 경우 지금 말씀하신 생각이 실현되는 것이 쉽지 않은데요, 콘란샵 재팬은 비교적 자유롭게 시도할 수 있는 환경인가요?
그렇지는 않아요. 모든 것이 자유로울 수는 없지만 그렇다고 움직일 수 없는 것도 아니에요. 확실히 개개인의 의식이 높아져서 이렇게 변화하지 않으면 조직을 이끌어가는 게 쉽지 않을 것 같습니다. 저 하나만 바뀌면 안 돼요. 조직이 지향하는 방향성을 건강하고 발전적으로 상상할 수 있도록 각자가 가진 능력에 맞는 환경을 제공하고 변화시키는 일이 중요하다고 생각합니다.

그럼 프로젝트마다 다양한 의견이 있을 텐데요, 프로젝트의 목표까지 가는 흐름을 실무 담당자들에게 맡기시나요?
저는 실무자들에게 맡기는 타입이에요. 부모님께서 운영하시던 캐이터링 사업도 그랬어요. 다 같이 하는 일이기 때문에 혼자서는 절대 못하죠. 제가 리드하긴 하지만 역시 일을 움직이는 건 직원들이에요. 모든 것을 제가 다 결정하면 재미가 없어요.

마지막 질문입니다. 나카하라 씨가 생각하는 좋은 가게나 좋은 브랜드는 무엇이라고 생각하시나요?

아까도 언급했는데요, 가게를 잘하는 사람이 간혹 있어요. 그런 사람의 가게를 보면 역시나 굉장히 끌린다고 해야 할까요? '아, 좋은 가게구나' 싶어요. 물론 계산적으로 잘 만들어졌을 것이라 생각하지만, 그것만으로는 부족해요. 좋은 감각만으로도 안 돼요. 오너의 캐릭터만 있는 게 아니라 여러 요소들이 융합되어 만들어지는 곳이 가게입니다. 시대성을 반영하여 그때만 할 수 있는 표현을 제대로 하고 있는 가게를 만나면 대단하다고 생각하면서 어느새 물건을 사고 있고, 이후에도 여러 번 방문하는 저를 보게 됩니다. 어느 정도 수명이 다한 곳도 있어요. 브랜드도 마찬가지죠. 시대의 변화를 즐기면서 어떻게 변화시켜 나가고 있는가도 중요합니다. 보편적으로 계속 좋다는 것은 어려운 일이죠. 사람들도 변하잖아요. 그 변화를 제대로 즐기면서 가게도 변화하고 발전해 나가는 것이 좋은 가게의 연속성이라고 생각합니다.

04

내가 쓰려고 만든
소박한 가방

'내가 쓸 가방이면 이런 것이면
좋겠다'는 생각에서 시작했어요.
판매를 위해 고심하거나
잘 팔릴 수 있는 제품일지 고민하기
보다는 '이런 제품이면 좋겠다',
'내가 이런 게 있으면 쓰고 싶다'는
생각이 가장 먼저였습니다.

하야사키 아츠시　　　　　　　　　　　　　早崎篤史

TEMBEA　　　　　　　　　　　　　　　템베아

도쿄를 배회하는 것을 좋아합니다. 산책이라는 말보다는 배회라는 말을 즐겨 사용합니다. 배회는 아무런 목적 없이 이리저리 돌아다닌다는 뜻을 지니고 있습니다. 따라서 기분 좋은 자유로움이 그 표현에 함축되어 있기도 합니다. 스와힐리어로 '방랑'이라는 의미를 지닌 '템베아'의 가방을 즐겨 사용하는 것도 어쩌면 비슷한 감성을 그 가방 안에서 느꼈을지도 모르겠다는 생각을 해봅니다.

얼핏 보면 아무것도 그려지지 않는 흰 도화지와 같은 템베아의 가방은 다른 의미로 무수히 많은 사용 가능성을 지니고 있다고 생각합니다. 제품의 틀에 얽매이지 않는 사고 방식으로 자신만의 가능성을 추구하는 제품이 지닌 매력을 알아보려고 도쿄 진구마에의 템베아 매장으로 향했습니다.

홈페이지 http://torso-design.com
인스타그램 @tembea_torso_design

템베아

Profile

하야시카 아즈시

'템베아'의 디자이너. 수입 제품과 오리지널 제품을
취급하는 의류 회사를 거쳐 독립 후
자신의 회사인 토르소TORSO를 설립했다.
설립 초에는 의류도 제작했으나
캔버스 원단으로 만든 토트백이 호평을
받으면서 현재는 가방을 중심으로 하는
복장 및 액세서리를 제작하고 있다.
가방 브랜드인 '템베아'를 시작한 것은 2004년.
공간 분리도, 주머니도 없는 그 단순한 형태는
물건을 정해진 장소에 수납하는 편리함을 버린 대신
아무것도 정해두지 않는 '자유로운 사용감과
그로부터 오는 좋은 기분'을 표현한 것이다.
도쿄 진구마에와 교토에 직영점을 운영하고 있다.

하야사키 씨의 어린 시절은 어땠나요?

굉장히 평범합니다. 지금 생각해봐도 아무 생각 없이 조용히 지냈던 것 같아요. 그러다 고등학교 때 '옷'에 눈을 떴습니다. 형의 영향을 받았죠. 아무래도 나이가 있는 형제나 자매가 있는 분들은 또래보다 정보 습득이 빠르잖아요. 저 역시 친구들보다 패션 브랜드 정보를 빨리 얻게 되었어요. 중학교 때부터 옷에 관심을 갖기 시작했고, 고등학교 때는 옷에 빠져 지냈습니다.

그 당시 유행했던 옷이나 하야사키 씨를 사로잡은 브랜드는 무엇인가요?

제가 고등학생이던 당시에는 소위 말하는 '아메카지ｱﾒｶｼﾞ'♠ 붐이 일어났어요. 한창 빠져 있었죠. 리바이스 501이나, 아웃도어 브랜드나 그레고리GREGORY 같은 백팩 브랜드, 헬스니트Healthknit와 헤인즈Hanes 같은 티셔츠 브랜드가 일본에 본격적으로 진출하기 시작한 시기였어요.

〈뽀빠이POPEYE〉 같은 매거진도 많이 보셨을 것 같아요.

네, 맞아요. 〈뽀빠이〉, 〈맨즈 논노Men's Non-no〉, 그리고 〈핫도그 프레스Hot dog Press〉 같은 매거진을 봤습니다. 당시에는 맨즈 논노가 리드했던 시기였어요. 아마 1980년 후반인 1988년부터 1990년대일 거예요. 제가 1991년에 고등학교를 졸업했으니 그 정도 시기겠네요.

♠ 아메리칸 캐주얼American casual을 일본식으로 줄여 부르는 말.

© Mai Kise

가방용 원단이 아니라 전혀 다른 용도의 소재를 가져오는 경우도 많아요.
옷감용이나 자재용 등 보통이라면 가방에 사용하지 않을 것 같은 소재들이요.
소박한 느낌이라고 해야 할까요?
한쪽으로 치우지지 않는다고 해야 할까요? 너무 화려하지도 않고요.

딱 버블 시대였네요. 도시에 정보가 넘쳐나는 시기라 불리는데 그런 느낌이 있으셨나요?

맞아요. 버블 시대였죠. 저는 고등학생 때라 특별한 기억은 없어요. 그리고 그때는 제가 고베에 있을 때라서 그 당시의 정보라곤 잡지나 가게에서 얻은 게 전부였는데, 잡지에서는 대부분 도쿄의 가게만 소개했죠. 그래서 직접 시내로 나가 가게를 구경하고, 점원에게 이것저것 물어보고 그랬어요.

언제부터 도쿄에서 살게 되셨나요?

대학을 도쿄에서 다녔어요. 대학 입시를 위해 일주일 정도 도쿄에 머물렀는데요. 예전부터 잡지에서 봤던 도쿄의 가게들을 동경해왔던 터라 시험이 있는 날을 제외하고는 지도를 들고 옷가게를 돌아다녔습니다. 역시 무언가에 열중하면 그렇게 되나 봐요.

패션 전공으로 대학에 입학하신 건가요?

전공은 지금과 전혀 무관한 법학과였어요. 하지만 패션 스쿨(복장학교)에 다니고 싶어서 대학교 3학년 때, '문화복장학원' 야간 과정을 다니기 시작했습니다. 그러다 보니 대학교 3~4학년 과정이 복장학원 과정과 겹쳐졌지요. 나중에 의류 회사에 취직하게 되면서 1년 정도는 업무와 야간 학교를 병행했습니다. 의류 회사에서는 7년간 근무하다가 30세가 되던 해에 독립을 했어요.

독립을 결정하게 된 계기가 있을까요?

특별한 이유보다는 '서른이 된 김에 이 기회에 한번 해보자'였어요.

템베아의 주요 제품이 캔버스 소재의 토트백인데, 처음부터 토트백을 제품으로 생각하셨던 걸까요?

회사를 다닐 때는 업무와 관련된 것은 회사에 다 두고, 가방도 없이 다녔어요. 당시에는 휴대폰이 막 나오려던 시절이라서 지갑과 열쇠만 주머니에 넣고 다녔죠. 그런데 독립 후 혼자 일하기 시작하면서 가방이 필요하게 되었어요. 당시 남자들이 들고 다니는 가방의 소재는 가죽이나 나일론이 대부분이었는데, 저는 이 소재들을 별로 좋아하지 않았어요. 그리고 소위 말하는 캔버스 가방, 천 가방이라고 하면 엘엘빈L.L.Bean이나 그 외에는 여성스러운 천 가방 같은 것이 조금 나와 있는 정도라 선택의 여지가 전혀 없었어요. 그런데 옷을 만들다 보니 여러 원단의 스와치(원단 샘플 조각)나 원단을 직접 만질 수 있는 기회가 있었고 지금 사용하고 있는 캔버스를 만났어요. 그때 이걸로 뭔가를 만들어 보고 싶다는 생각이 들었어요. 가방이 필요한데 시중에는 없으니 이런 게 있었으면 좋겠다고 생각하면서 만든 것이 처음이에요.

하야사키 씨의 직감에서 시작된 거군요.

맞습니다. '내가 쓸 가방이면 이런 것이면 좋겠다'는 생각에서 시작했어요. 판매를 위해 고심하거나 잘 팔릴 수 있는 제품일지 고민하기보다는 '이런 제품이면 좋겠다', '내가 이런 게 있으면 쓰고 싶다'는 생각이 가장 먼저였습니다. 처음에는 친구들이나 아는 스타일리스트들, 그리고 도매 업체에 소개했어요. 반응은 굉장히 좋았어요. 지금 생각해보면 옷에 대한 감각은 없었지만, 내가 사용하려고 솔직하게 만든 점이 사람들에게 좋게 받아들여진 것 같아요.

처음에 브랜드를 시작할 때 템베아는 이런 가방을 만들고, 이런 컨셉과 특징이 있는 제품이라는 것이 정해져 있지 않았던 것 같아요.
말씀하신 컨셉이나 특징은 오히려 나중에 붙은 것들이에요. 제품을 구상하고 기획할 때 유행이나 시장성보다는 '이런 제품이 있으면 좋겠다'는 내면에서 우러나오는 감각이 중요하다고 생각해요. 그런 점에서 이 가방으로 먹고살아야 한다는 긴장감보다는 당시 제가 들고 싶은 가방이 없어서 만들게 된 그 동기가 굉장히 순수했고, 그게 좋았던 것 같아요.

처음 템베아 가방을 샀을 때 정말 딱 말씀하신 그 느낌이 들었어요. 소위 말하는 일반 가방이 가지고 있는 고정관념 같은 것이 이 가방에는 전혀 없구나 하고 생각했어요. 그래서 굉장히 신선했습니다.
맞아요. 가방이 갖고 있는 고정 관념이 없었어요. 원래 가방에 대한 경험이 거의 없었기 때문에 그런 정형화된 점이 없던 것 같고, 그 점이 좋았던 것 같아요. 어떠한 구속이 없다고 할까요? 그래서 자유로운 발상을 할 수 있었던 것 같아요.

그러면 나중에 붙여지게 된 템베아의 컨셉이나 특징은 무엇인가요?
제가 제일 먼저 만든 건 바게트 토트예요. 제가 갖고 싶어서 만든 그 가방이죠. 아까 말한 것처럼 이걸 만들 때는 컨셉이 잡히지 않아서 전시회에 내놓기 전에 제작해서 직접 사용했어요. 친구들이나 아는 스타일리스트분들이 '바게트가 들어 있는 느낌이네!'라고 얘기해줬고, 제품을 보고 있으면 정말 그런 그림이 떠오르더라고요. 튀어나온 모양새 같은 부분도 손에 들기 쉽게 만들어져 있고, 손잡이가 앞

쪽에 달려 있어서 '바게트 토트'라는 이름을 붙였어요.

그다음 제품까지는 1년 반에서 2년 정도 공백이 있었어요. 다음으로 만든 건 '메신저 백'인데요, 지금은 생산하고 있진 않아요. 당시 저의 이동 수단이 자전거나 오토바이였는데 바게트 토트를 들고 타면 힘들 것 같아서 만들게 되었어요. 그때는 사무실도 없이 집에서 혼자 작업하던 때라 샘플을 대량으로 챙겨서 유나이티드 애로우즈UNITED ARROWS 같은 곳에 미팅을 가려면 큰 가방이 필요했죠. 미팅이 끝나면 샘플들은 다 놓고 오다 보니 돌아올 때는 가방이 텅텅 비는 경우가 많았어요. 가방에 담을 내용물의 유무에 따른 가방이 있으면 좋겠다고 생각해서 만들었습니다. 여러 브랜드에서 만든 기존의 가방들이 용도에 따라 만들어진 제품이 많은데 그 점에 흥미를 느끼기 시작했어요. 그렇다면 제품의 용도나 담는 물건을 생각하고 디자인한다면 굉장히 솔직한 발상으로 만들 수 있겠다 싶었죠. 그리고 그것이 지금의 템베아의 컨셉이 되었어요.

템베아 가방의 주요 소재는 캔버스인데, 매장을 둘러보니 캔버스 말고도 여러 소재의 제품들이 있네요.

템베아가 사용하는 캔버스는 코마사예요. 코마사는 면에서 찌꺼기나 먼지를 제거하고 난 것들 중에서 섬유가 긴 것들을 선별한 실이에요. 그래서 일반적인 캔버스보다 색깔도 하얗고 뽀글뽀글한 면가루도 적어요. 섬유가 길다 보니 유연하고 뻣뻣하지 않은 부드러운 캔버스가 됩니다. 템베아는 캔버스가 메인이다 보니 캔버스 소재의 가방이 많지만 원단을 봤을 때 '이거 써보고 싶다', '이걸 쓰면 재밌겠다'는 생각에서 출발하는 경우도 많습니다. 그래서 가방용 원단이

아니라 전혀 다른 용도의 소재를 가져오는 경우도 많아요. 옷감용이나 자재용 등 보통은 가방에 잘 사용하지 않을 것 같은 소재들이요. 그래서인지 소박한 느낌이라고 해야 할까요? 한쪽으로 치우지지 않는다고 해야 할까요? 너무 화려하지도 않고요.

그럼 그런 아이디어는 평소에 어디서 얻으시나요? 단순한 영감이나 느낌인가요? 아니면 직관인가요?

물건 만드는 사람에게만 해당되는 건 아니겠지만, 기본은 역시 계속 생각하는 것이에요. 바게트 토트를 만들 때도 만들고 싶다는 생각을 하고 나서 샘플을 만들기까지 걸린 시간은 사실 굉장히 짧아요. 전혀 시행착오를 거치지 않았다고 해야 할까요? 한 번에 이 모양이 나왔거든요. 그걸 영감이라고 한다면, 영감이 떠올랐다고 할 수 있겠습니다. 평소에 엄청나게 생각이 많은 사람들이 들으면 공감하실 것 같아요. 계속 생각하다 보니 문득 떠오르게 되는 거죠. 생각을 하지 않고 있는데 뭐가 떠올랐다는 건 100% 존재하지 않으니까요. 정말 항상 생각하고 있어요. 그러다가 '아, 그래 이런 거였구나!' 하는 깨달음이 오는 순간이 있어요.

그렇군요. 결과물을 내기까지 분명히 고생을 하실텐데요, 어떻게 극복하시나요?

오래 하다 보면 여러 가지 일이 생기기 마련이죠. 그리고 이를 극복하는 과정 역시 많은 것을 생각합니다. 중요한 건 많은 생각과 행동력이죠. 생각만 하고 멈춰서 포기하는 게 아니라 한 번쯤은 구체화해 본다거나, 도전해보는 것을 필수로 생각하고 있어요.

하야사키 씨 같은 경우는 생각만 하고 그만두거나 포기하지는 않는 스타일이시네요.

'어쨌든 해보자', '만들어보자'는 생각부터 해요. 그리고 팔릴 수 있는 제품이 나올 때까지 멈추지 않아요. 저의 이 마인드는 무너지지 않을 겁니다. 세간에서 반응이 좋은 주인공들은 (제품이나 기획이) 팔릴 때까지 계속 노력하기 때문에 팔리는 거지, 우연히 팔리는 게 아니라고 생각해요.

지금 이 책을 위해 인터뷰를 하고 있는 분들도 같은 말씀을 하세요. '내가 능력을 갖춘 사람은 아닙니다. 그냥 계속 그것만 생각하고 계속 실천에 옮기다 보니 이 결론에 이르렀어요'라고요. 하야사키 씨도 역시 그랬네요.

저도 그래요. 저는 오히려 콤플렉스가 더 많은 쪽이었어요. 아까 형이 있다고 했잖아요? 고등학생 때 '형이나 친구들은 옷도 잘 입고 멋있는데 나는 뭐지'라며 부러운 마음을 가졌어요. '나도 저렇게 되고 싶다'는 콤플렉스가 지금까지도 저에게 원동력이 되는 것 같아요. 제가 바라는 이상을 향해서 항상 달려가고 있어요. 그래서 정말 팔릴 수 있는 제품이 나올 때까지 계속 하는 것 같고요.

방금 말씀하신 콤플렉스는 어쩌면 하야사키 씨가 바라는 이상이 매우 높기 때문일 수도 있을 것 같은데, 어떠세요?

그럴 수도 있어요. 만족을 하지 않으니까요. 솔직히 계속 무언가를 해나간다는 건 꽤 힘든 일이잖아요? '계속 이렇게 해나갈 수 있을까', '언제까지 지속될 수 있을까', '언제쯤 만족할 수 있을까'처럼요.

© Kazuhiro Fujita

아마 평생 만족할 수 없을 것 같기도 해요. 정말 나이가 들어서 이 일을 그만두게 될 때, 그때 비로소 목표가 보이지 않을까 하는 기분이 듭니다. 그 목표에 평생 도달하지 못할 수도 있지만, 그래도 지금은 그 목표를 향해 가고 있는 느낌이에요.

저도 콤플렉스가 가득했던 학창 시절을 보냈고, 지금도 제가 하고 있는 일에 만족한 적이 단 한 번도 없었거든요. 다만 생각하고 있는 목표를 위해서 지금 할 수 있는 일을 하고 있는데, 하야사키 씨의 이야기를 들으면서 공감도 하고 역시 배울 점이 많다고 느꼈습니다. 다시 브랜드 이야기로 돌아가서 템베아라는 이름의 유래가 있을까요?
템베아라는 이름은 아프리카 언어인 스와힐리어에서 유래했어요. 제가 아프리카와 연관되어 있다거나, 스와힐리어로 브랜드 이름을 지어야겠다고 생각한 건 아니었어요. 하지만 이름을 들었을 때 편견이 생기거나 특정한 이미지가 떠오르는 네이밍은 하고 싶지 않았어요. 그냥 들었을 때 아무 생각도 나지 않는, 귀에 익숙하지 않은, 들어도 무슨 뜻인지 모르는 그런 인상을 가진 단어를 선택하고 싶었어요. 실제로 템베아가 방랑이나 여행의 의미를 갖고 있지만, 뭔가 남성적이라든가 여성적이라든가, 어딘지 모르게 활기차다든가 조용하다든가 같은 특징적인 인상이 없는 단어로 표현하고 싶었어요.

그럼 템베아라는 브랜드를 여행에 비유한다면 어떤 여행일까요?
'방랑'이라는 단어는 목적 없이 어딘가로 간다는 의미잖아요. 목적 없이 의미 없이 간다는 말이 저에게는 뭔가 가방을 하나 들고 어슬렁어슬렁 다니는 것과 연결이 되었어요. 홈페이지의 컨셉에도 적혀 있지만 가방을 들고 어딘가로 가고 싶어지는 그런 이미지요. 여행으로 본다면 자유로운 여행 같은 느낌일 것 같아요.

확실히 템베아 가방에는 그런 이미지가 있습니다. 그렇다면 하야사키 씨가 생각하는 앞으로의 템베아는 어떤 모습인가요?

사실 큰 야망이 있는 것도 아니고, 템베아라는 브랜드를 처음 만들었을 때의 저나, 그 이전의 학생 시절의 저나 크게 달라진 점이 없어요. 그냥 패션을 좋아하고, 패션 관련 일을 하고 싶다는 정도랍니다. 하지만 가장 중요한 건 뭔가 계속 만들고 싶다는 마음이에요. 새로운 것을 만들어내고 싶어 하는 그 마음이 계속 이어져서 지금에 이르렀어요.

매장을 더 낸다거나 판로를 넓히는 일도 중요하지만, 가장 중요한 건 지금까지 그랬던 것처럼 세상에 없던 좋은 물건을 만들고 싶다는 마음, 그것뿐이에요. 앞으로도 정말 단순하게 물건을 계속 만들 수 있으면 좋겠다는 생각이에요. 토트백에서 시작해서 가죽 소품을 만들고, 장갑도 만들고, 모자도 만드는 것처럼 아이템의 폭이 조금씩 넓어지고 있지만, 꼭 가방이 아니어도 상관없어요. 제가 원하는, 저 스스로가 사용하고 싶은 물건을 계속 만들어 가면 좋겠다고 생각합니다. 말하고 보니 별로 달라지는 게 없는 것 같네요.

대화를 나눌수록 템베아는 장인의 브랜드라는 생각이 듭니다. 장인들이 자주 말하는 지속하는 방법이나 철학과 굉장히 비슷해요. 한국에서도 그렇고요. 일본도 마찬가지겠지만, 70~80세가 되어도 자신의 일이 있고 경제 활동을 하지 않으면 생활이 유지되지 않는 시대

가 되었기 때문에 지금부터라도 하고 싶은 일을 해보겠다는 사람들이 꽤 많은 것 같습니다. 자신의 가게나 브랜드를 만들고 싶은 분들께 전하고 싶은 이야기를 부탁드립니다. 하야사키 씨가 먼저 이런 일을 해보셨기 때문에 할 수 있는 이야기라고 생각해요.

제가 직접 해본 경험만 가지고 말씀드리자면, '잘 팔릴 것 같은데', '이게 유행이니까' 같은 생각으로 접근하면 대부분 좋은 결과로 이어지지 못하는 것 같아요. '내가 하고 싶은 일'이든가 '내가 이걸 좋아하니까' 같은 이유가 필요합니다. 혹여 그것이 지금 유행하지 않더라도 거기서부터 시작해야 한다고 생각해요. 저는 정말 처음 시작이 그 지점이었어요. 유행이라서 시작한 게 아니라 이런 제품이 없었기 때문에 시작했어요.

세상에는 잘 팔리는 브랜드가 있을 텐데요, 그들도 그런 관점에서 시작했을 거라고 생각해요. 유행하기 때문에 시작하면 아무래도 유행일 때는 팔릴 수도 있지만, 유행이 끝나면 팔리지 않게 되니까요. 역시 '내가 좋아하는 것'이나 '지금의 나에게는 이것'이라는 생각이 중요합니다.

템베아 블로그를 보면 가방을 세탁하거나 보관하는 방법 등을 알려주는 점이 마음에 듭니다. 다른 브랜드에서는 쉽게 접할 수 없었던 콘텐츠였어요. 오래도록 사용할 수 있도록 안내하는 특별한 이유가 있으신가요?

이게 답이 될지는 모르겠지만 기본적으로는 무뚝뚝함이라고 볼 수 있을 것 같아요. 저는 저희 제품을 부담 없이 사용할 수 있다는 점이 굉장히 마음에 들어서요. 뭔가 굉장히 '더러워지면 어떡하지', '찢어지면 어떡하지'와 같은 마음을 지니는 것이 아니라 '더러워져도 괜찮다', '찢어져도 괜찮다'는 마음가짐이 담겨 있는 거예요. 그래서 '더러워지면 씻으면 되고', '찢어지면 또 찢어진 채로 쓰면 되겠지' 같이 뭔가 사용하는 세월의 맛이 생겨나는 게 재미있다고 해야 할까요. 처음 사용할 때는 빳빳하잖아요. 그래서 멨을 때 몸에 익숙치 않아요. 하지만 쓰다 보면 점점 부드러워지고 몸에 잘 맞게 되고요. 그 과정에서 얼룩이 묻고 여기저기 찢어져도 '괜찮구나'라고 생각이 드는 고유의 맛이 나서 좋아요.

그리고 정말 더러워지면 손빨래를 하면서 '아, 엄청 써서 더러워졌구나. 빨길 잘했네' 하는 스타일의 느낌을 좋아해요. 그냥 아무렇게 던져 놓고 쓴다고 할까요, 뭔가 대충 쓰는 느낌이라고 해야 할까요, 그런 게 좋은 것 같아요.

그래서 이런 식으로 보관하는 게 좋다고 알려주시는 것 같기도 하네요.

뭐랄까, 그냥 적당한 데 놓아두고, 집에서 몇 개의 옷가지를 넣어서 보관하는 용도로 사용해도 괜찮을 것 같다는 생각이 들어요. 저희 집도 실제로 수납장으로 쓰고 있거든요. 결국은 보관 용도라기보다는 집의 수납장 같은 느낌으로 자리 잡게 되더라고요.

제가 가지고 있는 가방은 콜라보레이션으로 만든 가방인데요, 협업할 때 어떤 기준이나 원칙이 있으신가요?

오카모토 히토시 씨와의 콜라보한 가방에 대한 이야기군요. 저는 기본적으로 재미있는지, 감정적으로 끌리는지 같은 반응을 중요하게

© Kazuhiro Fujita

© Kazuhiro Fujita

© Mai Kise

생각합니다. 하지만 동시에 특별한 이유가 없어도 협업 제안을 거절하지 않는 편입니다. 일반적인 주문 제작이나 협업과는 달리, 외부와의 협업은 저에게 일종의 '난제'와 같아요. 해결해야 할 새로운 문제가 주어지기 때문이죠. 그런 문제들은 종종 제 상상력을 뛰어넘는 방식으로 다가옵니다. 그래서 저는 그것들을 실현하고 싶은 욕구를 느끼고, 그 과정에서 많은 것을 배우게 됩니다. 결국 어떤 식으로든 결과물을 만들어내야 하므로, 외부의 요청은 저를 기존의 사고방식에서 벗어나게 합니다. 이는 저에게 큰 공부가 되고, 스스로 생각의 폭을 넓히는 데에도 도움이 됩니다.

이야기를 나누다 보니 하야사키 씨와 직원분들의 생각이 템베아 브랜드에 잘 담겨 있는 것 같습니다. 하야사키 씨와 직원 여러분들과의 관계에서 가장 중요하게 생각하는 부분은 어떤 것인가요?
어려운 질문이네요. 현재는 직원 수도 많이 늘었고, 맡기는 일도 상당히 많아졌습니다. 저는 제가 모든 일을 직접 해야 한다는 생각을 고집하지는 않아요. 누구든 일을 할 수 있다면 흔쾌히 맡기는 편입니다. 물론 높은 수준의 결과물을 기대하고 있다는 점은 분명합니다. 제가 대단한 사람처럼 보일 수도 있겠지만, 저는 제가 가진 경험과 지식을 아낌없이 직원들에게 전달하고 있어요. 제가 직접 겪어온 경험을 바탕으로, 직원들이 스스로 생각하고 일할 수 있도록 돕고 싶습니다. 저희는 다양한 제품을 생산하고 판매하는 회사입니다. 그런 의미에서 거창하진 않지만, 직원 교육에 상당한 중점을 두고 마치 한 팀의 감독처럼 직원들을 육성하는 데 힘쓰고 있어요.

어떤 의미로는 하야사키 씨가 지금까지의 경험을 다음 세대에게 바톤 터치할 수 있는 환경을 만드는 느낌이 드는데요.

네, 바로 그거예요. 아마 이 부분은 두 가지로 나뉠 것 같은데요. 어떤 사람은 자신의 세대에서 이제 끝내고 싶다고 생각하는 사람도 있을 것 같아요. 저는 오히려 계속 지속하고 싶은 편인데, 그러기에는 나이의 문제도 있지요. 누군가에게 넘겨주고 저는 조금 다른 걸 하고 싶다는 이야기는 아니지만 조금은 선수 겸 감독 같은 느낌으로 하고 싶어요. 아마 그 비중이 좀 더 감독 쪽으로 기울어지고 있는 느낌인 것 같지만요.

이 책의 인터뷰이 중 한 분이신 페이스 레코드의 타케이 씨도 같은 말을 하셨어요. 본인을 끝으로 자신의 세대에서 모든 것이 끝나선 안 되기에 자신이 떠난 뒤에도 회사가 잘 운영될 수 있도록 지금부터 준비를 해나가겠다는 내용이었어요. 이 부분은 완전히 일치하네요.

정말 같네요. 그렇게 되면 가장 좋을 것 같아요. 저 스스로 혼자 운영한다기보다는 이제 회사가 스스로 혼자 걸어간다고 해야 할까요? 그것을 가능하게 하기 위한 준비를 하고 있는 느낌이에요.

마지막 질문입니다. 어려운 질문일지도 모르겠지만, 하야사키 씨가 생각하는 좋은 가게나 좋은 브랜드는 무엇일까요?

꽤 폭이 넓은 질문 같은데요. 제가 고등학생일 때나 대학생일 때, 그리고 사회인이 되고 나서도 '아, 한 방 얻어맞았다' 싶은 브랜드가 여전히 있어요. 가령 옷이라면 '우와, 저런 옷은 분명 엄청난 고심 끝에 세상에 나온 거구나'라고 여겨지는 것들이 있죠. 그런 브랜드를 좋아해요. 아이디어가 풍부하다고 해야 할까요, 그런 건 늘 새로운 일에 도전해야만 가능한 것 같아요. 그렇다고 단순히 유행을 계속 좇아간다고 해서 할 수 있는 건 아닌 것 같고요. 자기 스스로 중심이 있어야만 가능한 일이기 때문에 그 '한 방 얻어맞은 느낌'은 상당히 중요한 포인트인 것 같아요. 브랜드도 가게도요.

05

일본 패션·라이프스타일 잡지계의 살아 있는 전설

주식회사 제이아이

편집을 뜻하는 '에디팅Editing'이라는
단어가 앞으로의 일에 포인트라고
생각합니다.
어떤 일이든 편집이라는
작업이 수반되는 것이죠.
편집의 감각을 알면 일이
재미있어져요.

이시카와 지로

이시카와 지로　　　　　　　　　　　　　　　　石川次郎

Ji Inc.　　　　　　　　　　　　　　주식회사 제이아이

도쿄의 문화와 유행에 관심을 가지기 시작했던 25년 전부터 지금에 이르기까지, 꾸준히 구독해서 읽고 있는 잡지가 〈브루터스〉입니다. 일상 생활을 윤택하게 만들어주는 다양한 분야의 이야기들을 독특한 관점으로 전달하는 이 잡지를 도쿄의 문화와 유행을 이해하려면 꼭 체크해야 하는 주인공으로 자주 소개하고 있어요.

지금 일본에서 출간되고 있는 라이프스타일을 제안하는 잡지들의 이른바 원점과도 같은 매거진하우스의 대표 잡지인 〈뽀빠이〉와 〈브루터스〉의 창간과 편집장을 역임한 주인공이자 지금의 '에디터'들에게 선구자와 같은 존재가 바로 '편집자 이시카와 지로'입니다. 반세기 동안 이어져온 〈뽀빠이〉와 통권 1000호를 넘긴 〈브루터스〉. 시대를 초월해서 다양한 팬을 보유하고 있는 이 잡지들을 세상에 태어나게 한 이야기를 들어봤습니다.

인스타그램 @jiroishikawa_official

Profile

에디토리얼 디렉터. 1941년 도쿄 출생.
와세다대학교를 졸업 후 여행대리점을 거쳐
1967년 헤이본 출판 주식회사(現 매거진하우스)에
입사.
〈헤이본펀치平凡パンチ〉에서 편집자 생활을 시작.
〈뽀빠이〉, 〈브루터스〉, 〈타잔Tarzan〉,
〈걸리버GULLIVER〉 등 여러 잡지의 창간 작업을
담당하며 편집장을 역임했고,
일본인의 라이프스타일에 커다란 영향을 줬다.
1993년 매거진하우스 퇴사 후에는
편집 프로덕션을 설립, 편집부터 상업시설의
프로듀스, TV 출연 등 폭넓은 분야에서 활약 중이다.
근년에는 《일본 현대 복식 문화사: 패션 크로니클
인사이트 가이드 1945-2021日本現代服飾文化史ファ
ッションクロニクルインサイトガイド1945-2021》을
편집했다.

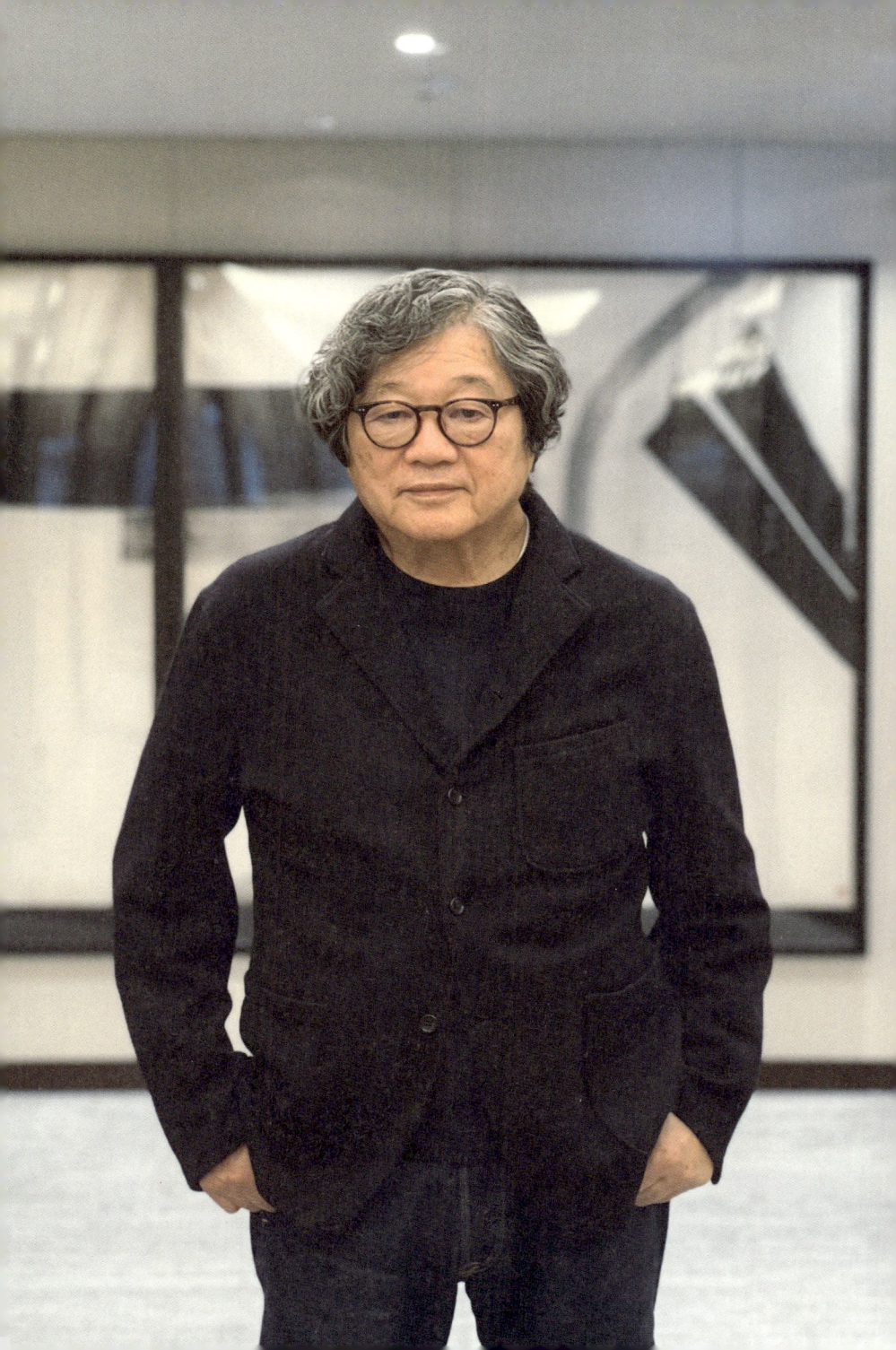

이시카와 씨의 어린 시절이 궁금합니다. 예를 들어 어떤 성격이었는지, 취미는 무엇이었는지, 당시에 빠져 있던 것이나 장래 희망 같은 것 등이요.

1941년 도쿄에서 태어났어요. 일본과 미국의 태평양 전쟁이 시작된 해지요. 태어난 해의 12월에 진주만 공습이 있었고, 4살이 되던 해인 1945년에 전쟁이 끝났습니다. 도쿄가 불바다가 되어 아무것도 없고, 모두가 가난하고 어려운 생활을 했었죠. 그게 제 어린 시절의 기억입니다. 저에게 가장 큰 영향을 준 것은 전쟁이 끝난 후 일본에 들어온 미국의 대중 문화예요. 음악이든 영화든 스포츠든, 지금까지 본 적도 들어본 적도 없던 미국의 대중문화가 급속도로 들어와 제 어린 시절에 큰 영향을 끼쳤습니다. 미디어로는 라디오밖에 없었던 시절에 라디오에서 들어본 적 없는 외국 음악이 나오는 것이 저에게 굉장히 큰 자극이었어요.

그림 그리는 것을 좋아했고, 잡지 보는 것도 좋아했어요. 초등학생들이 읽는 잡지도 읽었고, 만화도 봤어요. 그런데 지금 생각해보니 제가 또래 친구들은 읽지 않을 것 같은 잡지를 읽긴 했어요. 제가 15살 때 창간된 보디빌딩 잡지인데요, 그런 콘텐츠를 본 적이 없었죠. 사진만 실려 있었고, 모델은 모두 외국인이었어요. 신체가 이렇게 바뀔 수 있다는 것에 큰 충격을 받았고 흥미로웠죠. 잡지에 나온 기구들을 콘크리트와 막대를 갖고 만들어 보기도 했어요. 근육질의 모델들을 그리기도 했고요. 이상한 아이였죠? 하지만 이런 것들이 나중에 꽤나 도움이 되었어요. 아이디어가 떠오르면 종종 그림이 필요하기도 했고, 이런 사진을 찍어 달라고 요청할 때도 그림을 그려서 전달했어요. 그 방식이 도움이 되었답니다.

1960년대는 일본에 있어 중요한 이슈들이 많았는데요, 대표적으로 1964년 도쿄 올림픽이 그렇고요. 1960년대와 그 이후의 도쿄는 이시카와 씨에게 어떤 이미지인가요?

1964년은 제가 대학을 졸업한 해였어요. 말씀처럼 1960년대는 일본에 있어서 매우 중요한 해였습니다. 올림픽이 있었고, 신칸센이 개통되는 등 여러 가지 일들이 있었죠. 1964년 도쿄 올림픽을 개최하기 위해서 이전의 10년 정도는 도시 전체가 공사 중이었습니다. 도쿄 전역이 개발되어 새로운 길과 고속도로가 생기고, 건물과 호텔이 생겼어요. 도쿄가 엄청나게 변하는 모습을 봤지요.

지금 돌이켜보면 시간의 흐름을 되짚어볼 수 있어서 잘 알고 있지만, 당시에는 매 순간이 전부였어요. 전쟁으로 모든 것을 다 잃었기 때문에 미래의 일 따위는 상상도 못했습니다. 다들 엄청나게 노력했어요. 열심히 참고 노력해서 도쿄를 한 번 더 재건했고, 저는 그 모습을 자라면서 봐왔던 것이죠.

졸업 후 바로 헤이본 출판사에서 일하신 것일까요?

대학교 졸업할 때 직업을 결정해야 했어요. 당시에 직업을 정한다는 건 경험해보지 못한 상황이었죠. 주변에 열심히 공부한 친구들은 큰 은행이나 제조업체, 무역회사, 증권사 등에 빠르게 취업하고 있었어요. '대단하다. 어떻게 그렇게 쉽게 자신의 직업을 결정할 수 있을까?', '도대체 내 직업을 어떻게 결정해야 하는 걸까?'라는 아주 단순한 의문이 들었죠. 대기업에 취직을 하면 생활이 안정되고 일정한 수입이 보장된다는 건 알고 있었지만 정말 그렇게 해도 되는가 싶었죠. 그래서 내 일을 결정할 때는 그 일이 재미있어야 한다고 생각

했어요. 그래야 지속할 수 있으니까요. 그런 생각을 하던 차에 1964년에 엄청난 사건이 일어났죠.

저에게 일어난 엄청난 그 사건은 앞서 말한 올림픽도 아니고, 신칸센도 아니에요. 바로 일본인도 외국에 갈 수 있게 된다는 뉴스였어요. 그전까지는 국가 정책으로 외화를 모아야 했기 때문에 외화를 쓰게 되는 해외여행이 허용되지 않았거든요. 그 뉴스가 저에게는 굉장히 흥미로웠어요. 어릴 적 라디오와 잡지를 통해서 미국 문화를 접해왔지만, 외국에 간다는 건 꿈같은 이야기였으니까요. 그 뉴스를 보고 여행 일을 하고 싶다고 생각했고, 해외여행 전문 여행사의 직원이 저의 첫 번째 직업입니다. 그런데 여행사 일에 절망했어요. 여행사에 취직한 건 좋은데 외국을 갈 수 있어도 여행이 아닌 일이니까요. 그래서 그 일을 그만두고 편집자가 되었어요.

당시에 편집에 관심을 갖게 된 계기가 있으신가요?
사실 편집자가 되고 싶다는 생각은 하지 않았어요. 1964년에 창간한 〈헤이본펀치〉의 편집장인 시미즈 타츠오 씨의 딸이 저와 고등학교 동창이었어요. 하루는 저에게 '아빠가 너희들이 읽을 만한 잡지를 만드는데 상담 좀 해줄 수 있는지' 물어보길래 응했죠. 표지 아이디어를 제안하거나 의견을 주고받는 등 여러 이야기를 나눴는데 편집장님이 "너는 편집장이 적성에 맞을 것 같다. 우리 회사에서 와서 일해라"고 말씀하셨죠. 그때는 첫 직장에 절망하기 전이라 거절했었어요. 편집장님이 "잡지 편집장도 외국에 나갈 수 있는 시대가 왔는데"라고 말하셨지만요. 제가 여행사 일에 절망한 후 시미즈 씨에게 "아직도 고용해 주실 수 있으신가요?"라고 물었더니 웃으시면서

"지금 당장 총무부에 가서 입사 수속을 밟아"라고 하셨어요.

〈헤이본펀치〉는 어떤 느낌의 잡지인가요?
일본 최초의 젊은 남성을 위한 주간지였는데요, 당시 대부분의 남자들이 읽던 주간지나 뉴스 계열의 매거진과는 다르게 오락적인 요소가 강했어요. 좀 더 섹시하고 그라비아도 실려 있고, 자동차나 패션 이야기도 다뤘죠. 젊은 남자들의 흥미를 끌 만한 것들만 모아 만든 주간지였어요. 창간호부터 엄청나게 팔렸고, 순식간에 대성공을 거뒀죠.

〈헤이본펀치〉의 내용은 젊은이들의 유행이나 생활 습관 등을 보고 만든 것이군요.
맞습니다. 전쟁 후 일본도 풍요로워지기 시작했고, 젊은 남자들이 생활에 여유가 생기면서 놀이에 눈을 돌리게 되었죠. 그전까지는 사회에서 노는 것에 대한 인식이 좋은 편이 아니었어요. 모두가 나라를 다시 일으켜 세워야 하는 분위기였는데, 여유가 생기고 소득도 증가하고 여러 가지 오락거리도 많아지면서 젊은 사람들 사이에서 놀이 정신이 많이 생겼어요. 그런 시대적 흐름에 맞춰 엔터테인먼트 잡지가 나왔으니 젊은 층을 순식간에 사로잡아서 엄청난 부수를 기록했어요.

그럼 매거진하우스의 시작에 대해서 이야기 부탁드립니다.
〈헤이본펀치〉의 대성공 이후, 헤이본 출판사는 사명을 바꿔서 매거진하우스가 되었습니다. 매거진하우스가 가장 중요하게 삼은 가치

는 다른 출판사를 흉내 내지 말자는 것이었어요. 절대적으로 오리지널리티가 넘치는, 지금까지 본 적 없는 것을 만드는 일이 중요했어요.

우리는 세상이 바뀌면 반드시 새로운 잡지가 나온다는 말을 들었어요. 달리 말하면, 새로운 잡지는 세상이 바뀌는 시점에 창간하는 것이 가장 좋은 타이밍이라는 뜻이죠. "세상이 변하려고 할 때 잡지를 만들어라". 이것이 가장 큰 가르침이었어요. 다시 헤이본 출판사 이야기를 언급해야 할 것 같은데요. 헤이본 출판사는 1945년 전쟁이 끝난 해의 12월에 대중지, 문예지 같은 잡지를 발행했지만 잘 안 됐어요. 그걸 개조해서 출간한 게 월간지 〈헤이본〉이에요. 전쟁 후 오락이 없던 일본인들에게 오락을 주는 가요와 영화를 중심으로 구성했죠. 그 후, 일본이 부유해지고 TV 보급이 300만 대가 되었을 때인 1960년, 시미즈 편집장이 새로운 주간지를 발행합니다. TV를 통해 여러 콘텐츠가 더 많이 나올 것이라는 예측이 있었고 가정에 침투하기 시작했죠. 그 주간지는 텔레비전 시대에 맞춘 TV가 있는 거실을 위한 잡지였습니다. 이렇게 시대의 변화에 맞춰 새로운 잡지를 만들어 낸 곳이 헤이본 출판사와 그 뒤를 이은 매거진하우스입니다. 1964년 〈헤이본펀치〉를 창간하게 될 때는 세상이 또 한 번 바뀌고 새로운 스타일의 사람들이 생겨났지요. 이후의 〈뽀빠이〉나 〈브루터스〉도 마찬가지입니다.

시대가 변화할 때 새로운 잡지가 나온다고 하셨는데요, 그렇다면 〈뽀빠이〉가 세상에 나온 1976년의 시대적 배경이나 분위기는 어땠나요?

텔레비전의 등장도 있었지만 세상이 변하고 있었어요. 잡지의 존재 방식이 발행 부수로 승부를 내는 시대가 지나가고 있다는 걸 편집자나 제작자라면 느끼고 있었을 때예요. 독자가 다양해지면서 한 종류의 잡지가 모든 젊은 남자를 커버할 수 있는 시대가 아니게 된 거죠. 대중매체에서 타깃 미디어로 바뀐 것이 1970년대의 시작이었습니다. 모든 출판사들도 알아차렸어요. 100만 부 독자를 항상 유지하는 일이 얼마나 어려운지를요. 그럼 30만 부 잡지를 만들자 등 여러 가지 아이디어가 나왔고, 선구자 격인 잡지가 〈앙앙anaan〉입니다. 〈앙앙〉은 1970년 당시 여성 잡지의 이미지를 완전히 바꿨습니다. 그 전까지는 연예인의 스캔들을 중심으로 하는 여성 잡지가 많았어요. 읽는 잡지보다는 보는 잡지의 컨셉이었기 때문에 그래픽 요소나 사진, 디자인에 집중했죠. 〈앙앙〉은 매스매거진의 시대가 아니라 세심한 다양성의 시대가 올 것이라는 흐름에 맞춰 기획하고 제작한 잡지였습니다. 초반 3년은 조금 힘들었지만, 이후 큰 성공을 거뒀습니다. 〈앙앙〉 이후 타깃을 좁힌 매거진이 필요해서 여러 시도를 했고, 〈뽀빠이〉도 그렇게 시작됐어요. 〈뽀빠이〉의 편집 방침을 재밌게 봐주는 독자가 30만 명 정도는 되지 않을까 생각했어요. 기존의 목표보다 3분의 1 정도로 축소해도 가치는 떨어지지 않는다고 봤죠. 발행 부수는 줄여도 가치는 떨어지지 않는 잡지를 만들자고 해서 나온 잡지입니다.

당시 〈뽀빠이〉의 타깃은 어떤 느낌이었나요?
사립대학에 다니고, 스포츠를 좋아하며, 공부도 어느 정도는 하지만 공부만이 아닌 삶의 즐거움을 알고 있는 그런 느낌이요. 겨울에는

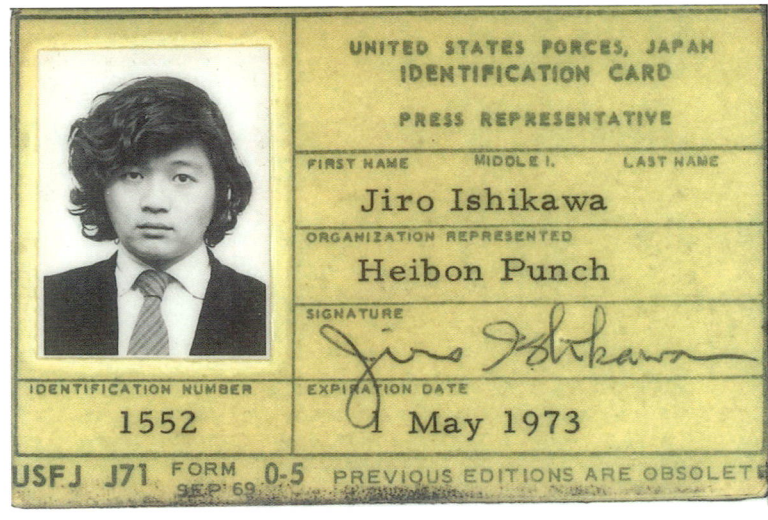

우리는 세상이 바뀌면
반드시 새로운 잡지가 나온다는 말을 들었어요.
달리 말하면, 새로운 잡지는 세상이 바뀌는 시점에 창간하는 것이
가장 좋은 타이밍이라는 것이죠.
"세상이 변하려고 할 때 잡지를 만들어라".
이것이 가장 큰 가르침이었어요.

스키를 타고 여름이면 테니스를 치는 그런 느낌이랄까요. 학점보다는 생활을 영위하는 그런 젊은 친구들을 대상으로 범위를 좁혔어요.

'시티 보이'로 정의될 수 있죠! 〈뽀빠이〉의 부제는 'Magazine for City Boy'잖아요. 이시카와 씨가 생각하신 것으로 알고 있어요. 시티 보이라는 키워드를 〈뽀빠이〉에 넣으려고 했던 이유가 궁금합니다.
잡지의 컨셉을 만들고 〈뽀빠이〉라는 잡지명을 정하기 전까지는 편집팀에 저와 상사인 키나메리 씨 두 사람뿐이었어요. 그는 '뽀빠이'를, 저는 '시티 보이'를 제안했어요. 취재하는 입장에서는 '뽀빠이'라는 이름이 쉽진 않을 것 같다'고 의견을 냈지만, 상사의 의견이 채택되었죠. 그러면 부제목에 '시티 보이'를 넣어달라고 해서 'POPEYE Magazine for City Boy'라는 제목이 세트로 정해졌어요.
'시티 보이'라는 단어는 가타오카 요시오片岡義男 작가의 소설에 처음 등장합니다. 집필 당시 하와이에 있던 작가가 택시를 이용했는데, 택시 기사가 '어디서 왔냐'는 물음에 '도쿄입니다'라고 답을 했더니 "Oh, You City Boy"라고 했다고 해요. 시티 보이라는 단어가 머릿속에서 떠나지 않았어요. 하지만 시티 보이라는 것은 어디까지나 이미지예요. 도시에 사는 젊은이들만 읽는 것이 아니죠. 일본 전역에 젊은이는 여기저기 있으니까요. 도쿄가 아니더라도요. 일본 곳곳에 사는 감각 있는 젊은이들에 대한 마음을 담아 '시티 보이'라는 이름을 고집했습니다. 알기 쉽잖아요, 시티 보이라는 것이 어떤 것인지!

초창기 〈뽀빠이〉는 굉장히 힘들었다는 이야기를 들었습니다. 매출은 어땠나요?

창간하고 1년 정도는 새로운 컨셉의 잡지가 대중에게 어필되지 않았는지 시행착오를 겪었어요. 만드는 사람도, 보는 사람도 '이건 도대체 뭘 하려는 거지?'라는 생각을 가졌던 것 같아요. 그런데 어느 순간 갑자기 잡지가 팔리기 시작했어요. 어떤 특집이냐에 따라 달랐지만요.

패션 특집으로 아이비를 다뤘는데, 그 호가 엄청나게 팔렸어요. 〈뽀빠이〉를 타깃으로 한 연령층에서 반응이 좋았죠. 그다음은 외국 취재를 한 특집호였어요. 당시 일본 젊은이들의 좋아하는 여행지는 미국이었지만, 괌은 관심이 낮았어요. 그런데 괌도 사실 미국이잖아요? 미국에서 가장 먼저 해가 뜨는 곳이 괌이고 미국적인 요소가 많지만, 이를 소개하는 매체가 별로 없었어요. "누가 괌이 재미없는 섬이라고 말했어!"라는 제목으로 8호를 발행했습니다. '전혀 지루하지 않아. 미국 그 자체!'라는 느낌이었죠. 엄청나게 팔렸어요. 이를 계기로 일종의 독특한 시각을 알기 쉽게 제안하면 독자들이 반응한다는 것을 터득했고, 그다음부터는 대박이 났어요. 그때는 월 2회 발행이었어요. 매호 15~16만부 정도 팔리려고 했던 것이 매호 20만 부씩 팔렸고, 순식간에 30만 부가 팔리게 되었죠. 점점 늘어나서 최대 70만 부까지 팔리기도 했어요.

1976년에 〈뽀빠이〉를 창간하고, 3년 후인 1979년에는 〈브루터스〉를 창간하셨어요. 〈브루터스〉를 만들게 된 계기가 있으신가요?

지겨워졌기 때문이에요. 정확하게 말하자면 〈뽀빠이〉의 실제 독자층인 20대와 30대 후반이었던 저와의 나이 차이 때문이었습니다. 〈뽀빠이〉 편집팀에 젊은 사람들이 많이 모이게 되니 이들이 직접 만드는 〈뽀빠이〉가 더 재미있을 것 같다는 판단을 했어요. 그건 상사인 키나메리 씨도 마찬가지였죠. 젊은 에디터들이 만드는 쪽이 점점 더 재미있어지고 있으니 직접 만들게 하는 게 좋겠다고 사장님께 건의했더니 "그럼 지겨워진 사람들은 〈뽀빠이〉 졸업생들을 독자로 잡고 새로운 잡지를 만들어"라고 명령하셨어요.

〈브루터스〉라는 잡지명도 키나메리 씨가 결정한 것인가요?
맞아요. 〈뽀빠이〉의 인기가 대단했기 때문에 〈뽀빠이〉 졸업생을 위한 잡지 이름도 본인이 결정한다고 했죠. 〈뽀빠이〉 편집부에서 몇 명을 뽑아서 〈브루터스〉 편집부를 만들었고, 〈뽀빠이〉 편집부의 한 귀퉁이에서 시작했습니다.

〈브루터스〉의 타깃은 어떻게 설정하셨나요?
〈브루터스〉는 1980년에 창간했어요. 대학을 졸업하고 일을 시작한 남성들이 타깃이었어요. 당시 일본은 엄청난 경제 성장을 했고, 그 기세로 나라가 부강해졌죠. 이를 이뤄낸 힘은 젊은 샐러리맨들이었고, 이들을 기업 전사라고 불렀어요. 당시 일본은 나라 전체가 일이 우선이었고, 그게 정의였어요. "24시간 일할 수 있나요?"라는 카피의 에너지음료 TV 광고가 있을 정도였어요. 이상하죠? 하지만 그것이 일반적인 시대였어요. 일만 하는 분위기보다는 여유로운 삶을 선호하는 사람들이 생기고, 일 못지 않게 자신의 주변을 더 풍요롭고 윤택하게 만들자는 쪽으로 무게 중심을 두는 사람들이 늘어날 것이라 생각했지만 많지 않았죠. 이를 주제로 삼은 것이 〈브루터스〉예요. 그래서 〈브루터스〉에서 가장 많이 사용한 단어가 '쾌락'이고요.

불교에서 쓰이는 쾌락을 말씀하시는 건가요?
네, 맞아요. 불교에서 쓰이는 '쾌락'을 키워드로 삼았어요. 쾌락적인 삶을 살자. 삶에 더 많은 'Delight, Pleasure' 요소를 넣자고요. 이것이 창간 당시의 컨셉입니다. 앞서 말한 세상의 흐름이 바뀌는, 시대가 바뀌려고 할 때 하나의 잡지가 탄생할 수 있는 찬스가 있다고 했는데요, 〈브루터스〉도 바로 그 세상의 흐름이 바뀌는 시점에 탄생한 겁니다. 젊은 남성들이 일만 하는 것이 아니라 뭔가 좀 더 자신의 삶을 더 나은 삶으로 만들고 싶다는 마음이 생겨나기 시작할 때 〈브루터스〉가 세상에 나왔고 굉장히 재미있어 했어요.

〈헤이본펀치〉도, 〈뽀빠이〉도, 〈브루터스〉도 세상의 흐름이 바뀌는 시점에 탄생한 잡지들이잖아요. 그렇다면 세상의 변화를 보는 감각은 본래 갖고 있는 감각에 가까울까요? 아니면 공부를 해서 얻는 감각에 가까울까요?
공부해서 얻어지는 것은 아니에요. 이론적으로 말해도 세상이 어떻게 변했는지는 알 수 없잖아요? 예를 들면 친구들이 집에 돌아가는 시간이 전보다 조금 빨라진 듯한 것이었죠. 예전에는 그렇게 술을 마시던 친구들이 집으로 돌아가서 자신의 생활을 즐기는 것 같은 느낌이요. 그런 느낌에서 무언가를 알아차리는 게 중요한 것 같아요. 이론이 아니라 주변에서 무슨 일이 일어나고 있는지 민감하게 감지하는 것, 이것이 특히 라이프스타일 매거진 편집자라는 직업을 가진 사람에게는 중요하다고 생각해요. 누구나 재미있게 볼 수 있어야 하니까요.
제가 매거진하우스라는 회사에 입사에서 에디터, 편집자의 일을 하

가장 중요한 점은 직접 만들어봐야 한다는 거죠.
그래야 본인의 생각을 알 수 있고, 다음에 제안할 자신의 아이디어를
확인하고 제안할 수 있어요. 그 제안에는 군더더기가 없죠.

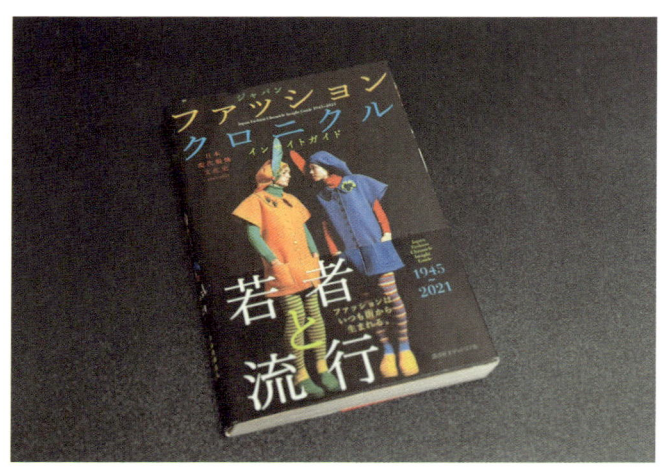

《일본 현대 복식 문화사: 패션 크로니클 인사이트 가이드 1945-2021》

게 된 이유는 이 회사가 매우 유니크한 곳이기 때문입니다. 절대로 흉내내는 것을 허락해주지 않아요. 창조적인 창작물이 아니라면 인정하지 않는 곳이기 때문에 항상 생각해야만 했어요. 지금은 매거진하우스 소속이 아니지만 여전히 오리지널리티를 중요하게 생각합니다. 일본 복식문화진흥재단 의뢰로 참여하게 된 《일본 현대 복식 문화사: 패션 크로니클 인사이트 가이드 1945-2021》도 재단에서는 연구서 같은 걸 기대했던 것 같은데, 결과적으로 누구나 읽을 수 있는 잡지처럼 나왔어요. 이 역시 매거진하우스에 다니면서 훈련된 크리에이티브하고 오리지널리티를 염두에 두는 시선이 반영된 결과입니다.

그럼 이 책을 제작할 때 가장 중요하게 생각하신 점은 무엇인가요?
'사진으로 타협하지 않는 것. 사진으로 얼마나 재미있게 보이게 할 것인가?'가 제일 중요했어요. 예를 들어, 여섯 쪽의 페이지로 구성된 청바지의 경우 첫 번째 페이지에 청바지 사진만 나오면 재미없을 것 같았죠. 제가 선택한 사진은 파리 학생들의 5월 혁명 사진이었어요. 1968년 파리에서 일어난 학생 시위 때, 대부분의 학생들이 청바지를 입고 있었거든요. 시위 복장으로써 청바지는 일종의 반항의 상징 같은 거죠. 그래서 그 사진을 사용했어요. 파리의 거리에서 청바지를 입은 학생들이 돌을 던지고 있는 사진을 통해 청바지란 이런 것이라는 것을 보여줬죠. 이 사진을 발견했을 때, 전달하고자 하는 메시지를 잘 전달할 수 있을 거라고 확신했기 때문에 선택했습니다. 시대에 유행하는 패션 사진을 패션 잡지처럼 나열해서 보여주려는 의도가 아니었기 때문에 그 옷이 가진 스토리를 보여주는 편이 의미 있다고 생각했어요.

이시카와 씨는 〈뽀빠이〉와 〈브루터스〉의 편집장을 하셨잖아요. 편집장은 어떤 의미에서 리더라고 볼 수 있는데, 리더로서 잡지를 만들 때 편집자들과의 커뮤니케이션 포인트나 역할은 어떤 것일까요?
리더의 역할을 항상 생각해왔어요. 잡지 편집장은 혼자 결정하려고 하면 할 수 있는 자리예요. 하지만 저는 그러고 싶지 않았어요. 편집장 주변에 얼마나 재미있는 편집자들을 모으느냐가 더 중요하다고 생각했기 때문이에요. 〈뽀빠이〉와 〈브루터스〉의 가장 큰 성공 비결이자 이유는 재미있는 사람들이 모였기 때문이에요. 다양한 것들을 재미있게 표현해 주는 사람들이 많이 모였고, 그 사람들에게 일을 많이 주고 자유롭게 일하는 환경을 만들고자 노력했어요. 물론 제가 리더이자 조타수 역할을 하고 있지만, 특집을 제안하는 건 스태프인 젊은 편집자들이에요. 그들의 제안을 재미있다고 생각하고 과감하게 해보자며 자리를 내어주는 것이 제 일이라고 생각해요. 방향성은 제가 결정하지만 실제로 취재하러 가는 건 그들이니까요. 정말 콘텐츠를 재미있게 만들어줘요. 편집장이 독단적으로 모든 일을 결정한 적은 한 번도 없었고, 언제나 다 같이 참여하게 했어요.

역할 분담은 어떻게 하셨나요?
'이건 이 친구가 취재하면 재미있겠네', '이 친구에게 이런 특집을 맡겨야겠다'고 결정하는 건 제가 해야 했어요. 결정하고 나면 전권을 맡겨요. 생동감 있는 결과물을 위해서 세세한 사항을 요청하지 않았어요. 가장 중요한 점은 직접 만들어봐야 한다는 거죠. 그래야 본인의 생각을 알 수 있고, 다음에 제안할 자신의 아이디어를 확인하고 제안할 수 있어요. 그 제안에는 군더더기가 없죠.

이시카와 씨 주변에는 굉장한 능력을 가진 사람들이 많은데요, 이런 사람들이 모이는 이유가 뭘까요?
세상에는 조직에 속하지 않고 프리랜서로 재미있는 일을 하는 사람들이 많아요. 그들은 항상 일할 곳을 찾고 있죠. 편집부라는 곳은 재미있는 일을 하고 있다는 생각이 들게 하죠. 저도 그렇게 생각했으니까요. 그래서 사람들이 계속 편집부를 찾았고, 그들은 많은 일들을 해줬어요. 저는 재미있는 잡지를 만들려면 재미있는 동료가 꼭 필요하다고 생각합니다. 제 일을 도와주는 재미있는 친구들을 소중히 여겨요. 이건 저에게도 좋은 일이죠. 하지만 일적으로는 상당히 엄격합니다. 그렇다고 인격을 부정한다거나 하는 것은 아닙니다. 업무상 지시가 필요하고, 지시대로 하지 않으면 바로잡아줘야 해요.

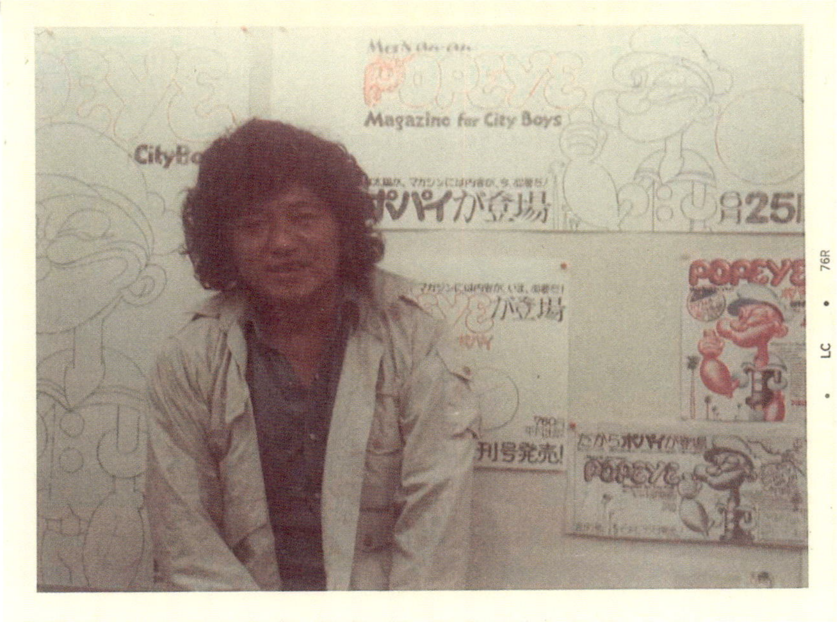
POPEYE
Magazine for City Boys
ポパイが登場
刊号発売!
LC
76R

BRUTUS

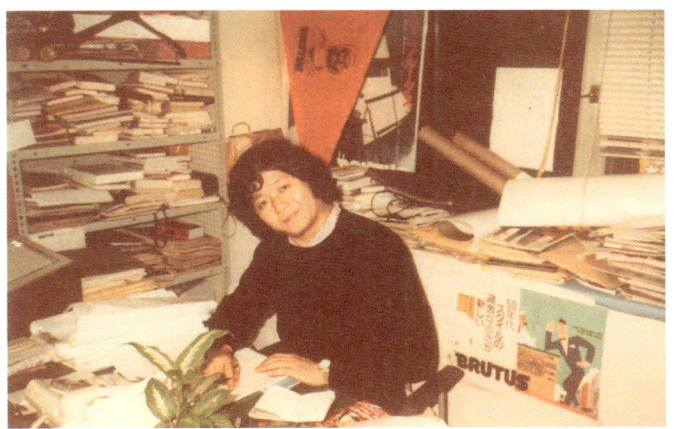

'다시 하면 됩니다', '이건 이렇게 해줘요'라고 말하지만, 틀렸다고 하지는 않아요.

절대로 해서는 안 된다고 생각하는 것이 있으신가요?
실제로 있었던 일인데요, 젊은 친구들이 일을 해보고 싶다고 강하게 어필해서 함께 일하기로 했어요. 그런데 이 친구들이 갑자기 그만뒀죠. 다른 출판사에서 일감을 받아 경쟁 잡지를 만든 적도 있었고요. 당시 편집장이 곤란해하면서 저에게 긴박하게 요청을 해왔어요. 그런 식의 배신은 좋지 않아요. 잡지는 혼자서 만들어진다고 생각할 수도 있지만, 실제로는 그렇지 않잖아요. 사람들과 어떻게 관계를 맺고 일하느냐가 더 중요합니다.

이시카와 씨가 생각하시는 편집이란 무엇인가요?
편집을 뜻하는 '에디팅'이라는 단어가 앞으로의 일에 포인트라고 생각합니다. 어떤 일이든 편집이라는 작업이 수반되는 것이죠. 편집의 감각을 알면 일이 재미있어져요. 시대적인 키워드가 아닌가 싶어요.

츠타야 도쿄 롯폰기(현 롯폰기 츠타야 서점).

여러 가지 일을 하면서도 편집의 감각을 갖게 되면 뭔가 조금 다른 방식으로 일을 하게 되는 것 같아요. 내 주변의 다른 사람의 힘이나 재능에서 새로운 재능을 발굴하는 능력과 그걸 어떻게 조합시킬 것인가가 편집이라고 생각합니다. 그런 의미에서 제가 지금까지 해온 〈뽀빠이〉와 〈브루터스〉를 비롯한 다양한 동료들과 함께 한 작업은 굉장히 알기 쉬운 에디팅이었어요. 비단 잡지뿐 아니라 제조업, 건축, 요리까지 무엇이든 새로운 것을 만들어내기 위해서는 에디팅이라는 감각이 중요하지 않을까 싶어요.

에디팅이라는 감각이 무엇일까요?
한마디로 정의하긴 어렵지만, 조금 더 구체적으로 이야기해 볼게요. 벌써 20여 년 전의 일이지만 아주 재미있는 한 청년이 제 앞에 나타났습니다. 그는 책이나 잡지를 너무 좋아해서 게이오대학교를 졸업하고 선택한 직업이 서점 점원이었어요. 매일이 책과 잡지에 둘러싸인 생활의 즐거움을 눈앞에서 열정적으로 들려주었습니다. 저는 곧바로 그의 지식의 양과 폭을 알고 싶어서 조금 짓궂은 질문을 던져

보았습니다. 그가 아직 태어나기 전인 1960년대의 미국에서 당시 젊은이들에게 인기가 있었던 잡지에 대해 물어봤더니, 잡지를 아는 정도가 아니라 그 잡지의 편집장 이름과 아트디렉터 이름도 즉각적으로 정확하게 대답해서 정말 놀랐습니다.

요즘은 찾아보기 힘든 책과 잡지를 좋아하는 젊은이와 함께 일을 하고 싶다는 마음이 부풀어서 그 자리에서 '내 회사에 오지 않겠는가? 뭔가 재미있는 일을 할 수 있을 것 같아'라고 말해 버렸어요. 젊은이는 바로 다음 주부터 제 사무실 책상에 앉아 있었습니다. 그가 가진 책과 잡지에 대한 방대한 지식에 '편집'이라는 새로운 감각이 더해진다면 세상에 무슨 일이 일어날 것이라고 믿었어요. 그리고 몇 년 후 기회가 찾아왔습니다. 도심을 중심으로 한 대형 상업시설 개발로 기세가 강했던 모리 빌딩이 도쿄 롯폰기에 새로운 복합 시설 롯폰기 힐스ROPPONGI HILLS를 개발 중이라는 소식이었고, 그곳에 호텔, 레스토랑, 쇼핑 센터 등을 계획하고 있으니, 서점을 프로듀싱해 달라는 요청이 들어왔어요. 저는 그 젊은이에게 딱 맞는 기획이라고 직관했습니다.

새로운 것, 유일무이한 것을 좋아하는 모리 빌딩의 프로젝트라서 꽤 독특한 기획을 요구해올 게 틀림없었어요. 저는 컨셉터로서 기본적인 아이디어를 내고 젊은이에게는 오퍼레이터로서 자신에게 축적되어 있는 지식을 마음껏 활용한 상품 셀렉을 담당하도록 했어요. 이렇게 해서 츠타야 도쿄 롯폰기TSUTAYA TOKYO ROPPONGI(現 츠타야 서점) 프로젝트가 시작되었습니다. '지금까지의 서점 스타일을 박살 내줬으면 해', '이 새로운 서점의 구석구석까지 편집을 해줘'와 같은 난폭하고도 말로 잘 설명하기 어려운 주문이었지만 젊은이는 고생하면서도 즐기면서 일을 해주었습니다.

여행 코너에는 전 세계에서 발행되고 있는 가이드 북 사이에 여행지에서 몇 번이나 다시 읽고 싶어지는 시집을 숨겨 놨고, 건축 코너에는 주목할 만한 일본인 건축가 한 사람에 대한 서적을 전 세계로부터 모았어요. 당연히 언어는 제각각이었지만 서가에는 뭔가 신선한 기분이 감돌았습니다. 가게 안쪽에는 독일 출판사이지만 미국에서 베스트셀러를 잇달아 발매한 비주얼 책 전문 출판사인 타셴TASCHEN 코너도 마련했고요. 마치 서점 안에 존재하는 서점 같았어요. 가게 안은 좋은 향기를 계속 발산하는 커피 카운터가 있고, 음료를 구입해 그 자리에서 독서에 열중하는 젊은이도 있었습니다. 그런 손님을 매우 환영하는, 당시 일본에서는 보기 드문 형태의 서점이 탄생했습니다. 이렇듯 그 젊은이는 매장 공간의 여기저기에 '편집'의 기술을 적용해줬어요. 이 젊은이의 이름은 하바 요시타카幅允孝. 현재는 독립해서 '북디렉터'라고 자칭하며 맹활약 중으로 전국에 속속 탄생하는 도서관을 '편집'하고 있습니다.

마지막 질문이 될 텐데요, 편집자로써 행복하신가요?
행복이라기보다는 재미있어요. 항상 뭔가 알 수 없는 것이 눈앞에 있죠. 이걸 어떻게 요리하면 좋을지 언제나 궁금한데, 그 점이 참 재미있어요. 레스토랑을 만들 때 편집을 전혀 생각하지 않고 만든 것보다는 편집의 감각으로 만들게 되면 재미있는 것들이 나올 것 같은 느낌이 들지 않나요? 〈긴자식스〉의 편집장인 오카다 유카岡田有加 씨도 에디터로서 여러 가지를 조합해서 만들어내고 있잖아요? 이처럼 에디팅의 감각을 몸에 익히면 사람이라는 것이 재미있어져요.

06

콜라의 미래를
만들다

우연히 인터넷 서핑을 하다가
'150년 전의 콜라 오리지널 레시피가
이거다'는 기사를 발견했어요.

콜라 코바야시　　　　　　　　　　　コーラ小林

IYOSHI COLA　　　　　　　　　　이요시 콜라

태풍이 지나가고 난 구름 한 점 없는 어느 화창한 일요일 아침, 산책 중 아오야마의 파머스 마켓 Farmer's market을 오랜만에 둘러보다가 아담하고 귀여운 트럭 앞에 '크래프트 콜라 전문점입니다'라는 입간판을 발견했습니다. 가게 이름은 이요시 콜라. 귀여운 차량도, 콜라를 만들어주는 주인공의 상쾌함도, 화창한 날씨와 잘 어울리는 그 풍경이 이요시 콜라를 처음 접한 순간이었어요.

이곳을 운영하는 주인공은 '콜라 코바야시'. 이름에서 보이듯 콜라를 사랑하는 그는 인터넷에서 우연히 발견한 100년 전 쓰여진 콜라 레시피를 바탕으로 '크래프트 콜라'라는 새로운 형태의 음료를 세상에 내놓게 됩니다. 본가의 가업인 한방 약재 공방의 노하우를 살려서 만든 이 새로운 콜라는 이동 판매 트럭에서 시작해 시모오치아이의 본가 공방을 리노베이션한 본점과 캣스트리트Cat Street에 위치한 시부야 지점 그리고 편의점 전개 등 착실히 그 영역을 확대하고 있는 중입니다.

이요시 콜라에 대한 자료를 찾아보면서 단순한 개인 취향을 브랜드로 만든 것보다 가계의 역사적 유물로 존재하는 노포 가업을 계승하는 장인의 단단함이 강하게 다가왔어요. 아무래도 콜라 코바야시 씨와의 인터뷰는 가업이 시작된 공간인 시모오치아이의 공방에서 해야 할 것 같았습니다. 우연하게도 처음 도쿄에서 생활했던 나카이 근처에 있는 동네이기도 해서 왠지 모르게 친근한 기분도 들었던 시모오치아이의 본점에서 그의 이야기를 들어봤습니다.

홈페이지 https://iyoshicola.com
인스타그램 @iyoshicola

Profile

1989년생인 그는 홋카이도대학교와
도쿄대학교에서 농학을 공부하고,
광고 회사 ADK에서 일했다.
광고 회사에 다니던 중, 도쿄 최대 규모의
파머스 마켓인 아오야마에서 수제 콜라 장사를
시작했으며, 장사를 시작한 2018년 7월부터
4년여 동안 100만 병 이상의 콜라를 판매했다.
현재는 일본 전역 800곳이 넘는 곳에서
이요시 콜라가 판매되고 있다.

아오야마의 파머스 마켓에서 시작된
이요시 콜라 판매 트럭.

코바야시 씨의 어린 시절이 궁금합니다. 좋아했던 것이나 당시의 장래 희망 같은 것이요.

자연을 굉장히 좋아했어요. 어릴 때는 근처에 공원이 많아서 온갖 생물을 잡으면서 놀았어요. 그리고 궁금증이 많은 아이였습니다. '왜 그럴까'를 항상 생각했답니다. 장래 희망은 초중고 동안 꽤 여러 가지로 변해왔습니다. 자연을 좋아한다는 점이 작용해서 대학에서 농학을 전공했지만, 학점이 좋지 않아서 가장 좋아하지 않았던 DNA나 유전자 분야 학과로 배치받았죠. 사실은 다른 일을 하고 싶어서 대학원을 졸업하고 광고대행사에 입사해 4년간 일했어요.

광고대행사를 입사한 계기를 알려주세요.

제가 아이디어를 생각하는 걸 좋아하거든요. 어렸을 때는 아이디어맨이라고 불렸어요. 중고등학생, 대학생 때는 저를 잘 드러낼 기회가 없었지만, '이런 재미있는 아이디어로 사람들을 놀라게 해주고 싶다'는 생각을 계속하고 있었어요. 대학원을 다니면서 인턴십으로 광고대행사에서 일하게 되었고, 이후 입사하게 되었죠.

크래프트 콜라를 만들고 싶다고 결심하게 된 계기가 있었나요?

제가 콜라를 좋아해서 많이 마시는 편이에요. 우연히 인터넷 서핑을 하다가 '150년 전의 콜라 오리지널 레시피가 이거다'는 기사를 발견했어요. 일종의 도시 전설 같은 흥미로운 내용이었죠. 이를 계기로 생각하게 되었어요. 여러 가지 방식으로 시도해 보면서 진화한 것이 '한방'이에요. 처음에는 작은 트럭에서 바로 만들어 드렸고, 그다음에는 원액을 유리병에 담아 팔았어요. 그리고 2023년 3월 봄부터 캔에 넣어서 판매하고 있습니다.

사실 제가 술을 못 마셔서 유일하게 좋아하는 음료는 콜라와 커피예요. 그래서 저처럼 콜라를 좋아하는 사람들은 콜라 브랜드마다의 특유한 맛이 있다고 생각해서 '이건 펩시', '저건 코카콜라', '이건 제로 칼로리 콜라'라는 것을 알고 있기도 합니다. 그렇다면 이요시 콜라만의 맛의 특징은 무엇인가요?
이요시 콜라는 천연 향신료가 잘 배합되어 있어요. 그리고 요즘 시중에 크래프트 콜라가 많이 나와서 비교해봤는데요, 생약(한약)에 대한 지식을 활용하고 있다는 점이 특징입니다.

코바야시 씨의 할아버지께서 옛날부터 이 주변에서 한방 관련 장인으로서 일을 하셨다고 들었어요. 할아버지의 지식과 정보, 그리고 코바야시 씨가 생각한 아이디어를 가지고 지금 시대의 사람들에게 제안하는 형태로 탄생한 것이 이요시 콜라라고 알고 있어요.
맞습니다. 이요시 콜라의 제조법도 재료도 생약과 향신료에 대해 잘 알고 있었기 때문에 도움이 되었어요. 하지만 2년 반 정도는 판매하거나 주변 친구들에게 맛보라며 권할 정도의 제품은 아니었어요.

제가 이요시 콜라를 처음 경험한 시기가 2019년 10월이었어요. 태풍이 지나간 다음 날이었는데, 아오야마 파머스 마켓만 열려 있었죠. 그곳에서 처음 작은 트럭에 계신 코바야시 씨를 보고 이요시 콜라를 구매했습니다. 시럽에 탄산수와 레몬 슬라이스가 들어간 이요시 콜라를 마셔 보니 재미있다는 생각이 들어서 도쿄다반사 인스타

"크레프트 콜라 전문점입니다."라고 쓰여 있다.

그램에 소개했고, 반응이 좋아서 '아, 요즘 사람들이 크래프트 콜라에 관심을 갖고 있구나' 생각했습니다. 제가 경험했던 그 시럽을 만드는 데 대략 얼마나 시간이 걸린 걸까요?

2018년 7월에 처음 내놓은 것 같아요. 할아버지가 돌아가시고 난 후, 여러 가지 힌트를 얻어서 콜라에 적용했더니 전혀 다른 맛의 콜라가 만들어졌어요. 친구들에게 마시게 했더니 돈을 주고 사고 싶다고 해서 팔기 시작했죠. 개발 기간은 2년 반 정도 걸렸던 것 같습니다.

그 기간 동안 계속 낮에는 회사에서 일하시고, 밤에는 제품 개발하신 건가요?

네, 맞아요. 그리고 주말에는 마켓에 나가서 제품을 판매했죠.

그럼 회사를 그만두고 본격적으로 이요시 콜라를 하시게 된 계기는 무엇인지 궁금합니다.

두 가지 이유가 있었어요. 하나는 회사 일과 이요시 콜라 일을 병행하기 힘들어졌고, 다른 하나는 회사에서 하는 일은 내가 아니어도 더 잘할 수 있는 사람이 있을 것 같다는 것이었죠. 회사 일은 나보다 잘할 수 있는 사람이 있지만, 이요시 콜라는 나밖에 할 수 없으니 나만이 할 수 있는 일을 계속하고 싶었어요.

마침 '업링크 키치죠지' 영화관에 시럽 도매를 공급하기로 결정되었어요. 파머스 마켓 이동 판매 외에 정기적인 수입이 들어오니 생계를 유지할 수 있을 것 같아 회사를 그만두게 된 거죠. 과감하게 그만뒀다기보다는 이요시 콜라의 업무가 많아지고, 생계를 유지할 수 있을 것 같다는 판단이 서서 그만둘 수 있었습니다.

이요시 콜라 이름의 유래는 무엇인가요?

할아버지가 이요시약코⌈伊良薬⌋라는 한방 관련 공방을 운영하셨어요. 그 이요시를 이어받아 이요시 콜라로 만든 거죠. 크래프트 콜라 사업을 하니 기억하기 쉽게 제 명함은 '콜라 코바야시'로 적었답니다. 사실 초기에 설정한 고객 타깃도 없었어요. 그저 내가 마시고 싶은 것을 만든다는 식이었어요.

기억에 남는 에피소드를 알려주실 수 있을까요?

처음 부스를 연 것이 2018년 7월 29일인데요, 그 전에 트럭 세팅을 익숙하게 하려고 타마가와 강변에서 연습을 했어요. 다리 밑 어두운 곳에서 친구와 함께 세팅을 하고 있었는데, 우연히 자전거를 타고 지나가던 분이 본인에게 한 잔 팔아주지 않겠냐고 물어봤어요. 다리 밑에서 차를 세팅하고 있는 모습이 사실 수상하게 보일 수도 있고, 뭔가 판매를 할 거라고 생각하기 어려운데 말이죠. '내가 굉장한 것을 만들어 버린 걸까?', '크래프트 콜라에 대한 니즈가 있는 것 같다'는 것이 와닿았어요.

파머스 마켓에 처음 참여할 때 사실 팔릴 거라고 생각하진 않았습니다. 마켓에 여러 가게들도 있는 상황이라 크래프트 콜라가 팔릴 거라는 기대는 내려놓았는데, 첫날부터 줄을 서서 구매하시고, 바로 매진이 되었어요! 그리고 이건 고객 경험에 관한 부분인데요, '개인적인 질환 때문에 콜라를 못 마시는데 이요시 콜라는 마실 수 있어서 기쁘다', '어린 아이에게 추천할 수 있는 콜라', '아이에게 처음 마시게 한 콜라'라는 피드백을 들었을 때 매우 기뻤습니다.

이요시 콜라 총본점 시모오치아이.

정말 기분 좋은 피드백인 것 같아요. 이요시 콜라 크라우드펀딩 페이지에 쓰신 내용으로 기억하는데, "겉으로 보기에는 순조롭게 잘 되어가고 있는 것처럼 보이지만 사실은 고난의 길이었다"라고 하셨어요. 다음 질문은 앞선 질문과 반대되는 질문으로 힘들었던 일이나 위기를 극복한 이야기를 여쭤보고 싶습니다.

힘들었던 일은 인재 영입이에요. 코로나를 겪은 것도 있지만, 많은 사람들이 대기업 같은 안정된 회사를 선호하는 경향이 있어요. '이요시 콜라', 즉 크래프트 콜라라는 이름으로 이전에 존재하지 않던 장르와 시장을 만들어 왔지만, 아직은 굉장히 불안정한 조직으로 인식되는 것 같아요. 이직하려는 사람들에게도요. 그래서 직원 채용이 굉장히 어려웠어요. 직원이 몇 명 안 되는 상태에서 시부야점을 냈기 때문에 여러 문제가 발생하여 시부야점이 메이커로서 성장하지 못했어요. 2022년에 유명한 TV 프로그램에서 크래프트 콜라를 다뤘고, 이요시 콜라가 소개되었지만 실제로 비중 있게 소개되진 않았어요. 아마도 2021년에 성장하지 못했기 때문이라 생각해요. 2021년도 당시에는 거래처가 부도가 났는데 적은 인원으로 운영하다 보니 계약서를 제대로 확인하지 못해서 판매 대금을 다 회수하지 못한 적도 있었습니다.

그렇다면 이런 상황을 전환하거나 극복하기 위해 어떻게 하셨나요?

행동하는 수밖에 없다고 생각하기 때문에 거래처가 부도났을 때는 여러 방법을 다 동원했어요. 채용 문제는 최근 대학 시절 지인과 함께 채용 일을 시작하면서 이요시 콜라와 맞는 사람을 채용하기 시작했어요.

광고 대행사에서의 경력 때문일까요? 마케팅이나 홍보를 잘하신 것 같아요. 〈뽀빠이〉 편집팀에 편지를 쓰셨고 실제로 기사화가 되었잖아요.

아오야마 파머스 마켓에 나간지 두 달 정도 지난 2018년 9월, 〈뽀빠이〉 편집부에 이요시 콜라를 소개하는 편지를 보냈어요. 그로부터 얼마 지나지 않아 편집부에서 전화가 왔고요. 크래프트 콜라를 만든다는 편지를 받았는데 가볍게 이야기를 나눌 수 있는지를 묻는 내용이었습니다.

나중에 알고 보니 제가 보낸 편지를 편집부의 어시스턴트가 열어본 후 휴식 공간에 있는 테이블에 놓고 그 사실을 잊어버렸나봐요. 그리고 우연히 그곳을 찾은 담당 편집자가 '세계 최초 크래프트 콜라 전문점 이요시 콜라'라는 글을 읽게 되었고요. 마침 그 다음달 특집이 'CRAFTMANSHIP(장인 정신)'이라서 취재 요청을 받게 되었습니다.

그렇군요. 처음 인사 나눌 때 캔 형태의 콜라가 곧 시판될 것이라고 알려주셨어요. 캔 형태의 콜라를 만드신 특별한 계기가 있으실까요?

앞에서 말한 특집 TV 프로그램 영향도 있어요. 크래프트 콜라 시장은 이요시 콜라가 만들었는데 시장 성장에 비해 이요시 콜라는 성장하지 못했죠. "이건 경영자의 책임이다"라는 친구의 말을 듣고 앞으로 어떻게 해야 할지 진지하게 고민했어요. 더 많은 사람들에게 크래프트 콜라를 전하고 즐거움을 주기 위해서 캔 콜라를 선택하게 되었습니다.

〈뽀빠이〉에 소개된 이요시 콜라 인터뷰.

캔 콜라를 만들 때 특유의 어려운 점이 있었나요?
캔은 대량 생산을 전제로 한 상품이기 때문에 거대한 제조 탱크에 재료를 넣고 바로 만드는데요, 이 방식이 이요시 콜라만의 입맛과 장인 정신과는 궁합이 맞지 않는 방식인 거죠. 제조 공장에서는 저희에게 콜라 시럽을 가져와서 제조할 것을 권했는데, 이것부터 협상해야 했어요. 그리고 논의 과정에서 시럽 내 재료 알갱이가 캔에 낄 수 있다는 기술적인 문제도 있었습니다. 콜라 시럽 제조에 이용되는 재료들의 향을 추출하는 방법을 공부해서 이 추출물을 활용해 알갱이가 없어도 이요시 콜라의 향과 감칠맛을 낼 수 있도록 개발했어요. 하지만 이렇게 시럽을 만들어도 대량 생산에 필요한 시럽의 양은 톤 단위였으니 이 공방에서는 절대 만들 수 없는 양이었죠. 시럽을 대량 생산하려면 별도의 제조 공장을 세워야 하나 고민을 많이 했지만 그럴 상황은 아니었기 때문에 시럽 제조를 위한 핵심 파트는 공방에서 만들고, 톤 단위의 시럽은 협력 업체에서 제조했습니다. 이렇게 만들어진 시럽을 보틀러에 가져가서 최종 제조 후 캔에 담았습니다. 캔 제품을 만들겠다고 생각한 시점부터 거의 1년이 걸렸네요.

제가 콜라를 좋아해서 드리는 질문입니다. 콜라라는 음료는 각 나라의 물의 영향을 받나요?
네, 맞아요. 물도 그렇고 설탕도 그래요. 하지만 저희는 '메이드 인 로컬'이라는 개념을 강조하고 싶어요. 가령 한국에서 제조를 한다면, 한국에서 만들어진 원재료를 역으로 사용하는 거죠. 과일이나 향신료 같은 것들을 한국의 재료로 사용함으로써 한국에서 일자리를 창출하고 경제가 돌아가게 만들고 싶어요. 태국, 인도네시아, 호주, 미국도 그렇고요. 그 지역에서 다양한 형태의 부의 순환 구조를 만들어서 편중이 없는 세상을 만들고 싶습니다.

코바야시 씨가 생각하는 이요시 콜라의 정체성은 무엇인가요?
한약 장인이셨던 할아버지로부터 시작했다는 점에서 한약의 개념, 동양적 사고방식, 장인 정신이 이요시 콜라의 정체성이라고 할 수 있습니다.

이요시 콜라는 '연구'라는 단어로 통하는 것 같습니다. 연구하실 때 가장 중점을 두셨던 것이 무엇인가요?
'어떻게 하면 더 많은 사람을 행복하게 할 수 있을까?'라는 고민과 더불어 음료이기 때문에 마셨을 때 맛있고 감동을 줄 수 있는 것이 무엇일지 근본적인 부분에 중점을 두었어요. 단순하게 맛있다, 행복하다보다는 놀라움을 주고 싶었습니다.

코바야시 씨가 평소 생각하는 인상 깊은 브랜드나 매장이 있다면 알려주시겠어요?

제가 아우라나 염력이 중심 스토리인 만화 〈헌터X헌터〉를 좋아하는데요. 등장인물들이 염력을 사용하면 물건에서 아우라가 나오는 것이 보인다는 설정이 있어요. 벼룩 시장 같은 곳에서 아우라가 나오는 물건을 구입해서 전문가에게 보여줬더니 명품이라며 비싸게 팔리는 에피소드가 있는데 그것과 비슷하다고 생각해요. 결국 브랜드는 무언가를 만들고 창조하는 것이고 그 안에 제작자의 열정이나 아우라, 영혼을 얼마나 쏟아 부었는가가 중요한 것 같아요. 브랜드가 만들어지기까지의 스토리와는 별개로 많은 사람들이 브랜드에 관여하고 있어요. 이요시 콜라의 멤버라던가, 이요시 콜라의 팬분들이라던가, 또 크라우드펀딩으로 이요시 콜라의 가능성을 확신하고 후원해주신 분들이라던가요. 브랜드라는 건 이처럼 많은 사람들의 마음이 담긴 거라고 생각하기 때문에 영혼의 일부를 얼마나 발산하고 있는지가 굉장히 중요한 것 같습니다.

이요시 콜라의 리더로서 코바야시 씨가 생각하는 리더는 어떤 역할을 해야 하는 사람인가요?

리더는 결국 성과를 내야 하기 때문에 성과를 잘 내느냐가 중요하다고 봅니다. 조직 내부에 있는 사람들에게 어떻게 동기를 부여할 것인지, 조직 구성 같은 부분도 포함된다고 봐요. 설령 리더 혼자인

© Kenya Chiba

콜라 코바야시와 직원들. 이요시 콜라 시부야 진구마에 매장 앞에서.

조직이라 해도 외부의 다른 사람들과 잘 협력해서 성과를 낸다면 그것 역시 대단하다고 생각합니다. 사업을 하는 한 목표가 있기 때문에 목표를 제시하고 달성하는 것이 중요해요. 사업은 생명체 같은 것이니까요. 성과를 내야 한다는 목표 하에 수단을 고민하고, 수단을 어떻게 하면 개선할 수 있을지 끊임없이 고민하는 것이 리더의 역할이 아닐까 싶어요.

리더가 된 후 외로움을 느끼신 적은 없나요?

솔직하게 말해서 외롭지 않아요. 프리랜서로 저를 도와주는 분들도 계시지만, 현재는 정직원이 몇 명 있거든요. 직원들과는 식사를 하면서 많은 이야기를 나누는 걸 중요하게 생각하고 있어요. 인원이 증가해도 1:1로 이야기 나누는 건 고수할 것 같습니다.

앞으로의 이요시 콜라의 목표는 무엇인가요?

오랫동안 코카콜라-펩시-이요시가 되겠다고 말해왔어요. 캔 콜라를 만들게 되면서 이 무대에 설 수 있는 출발선에 서게 되었다고 생각합니다. 캔을 만들기까지 4년이 걸린 거예요. 캔 형태의 제품을 완성시키기까지 1년이 걸렸지만, 이 1년 동안의 연구를 위해 이전에 여러 향신료와 한의학 지식을 쌓아왔죠. 코카콜라-펩시-이요시가 되려면 저희 힘만으로는 절대 될 수 없어요. 일본에서 이 제품을 취급하는 매장이 있어야 하고, 이걸 이용해주시는 손님도 있어야 합니다. 일본뿐만 아니라 글로벌로 확장하고 싶기 때문에 아시아에서부터 먼저 알리고 싶어요.

마지막 질문입니다. 미래의 콜라는 어떤 콜라일까요? 지금은 평범한 청량음료지만 옛날에는 콜라가 약이었잖아요. 그렇다면 미래의 콜라는 어떤 모습일 거라 생각하세요?

미래의 콜라도 결국 약이라고 생각해요. 모든 것이 끊임없이 변화하고 있기 때문에 약이다, 화학적이다, 건강하지 않다는 평가들이 진자처럼 계속 움직이고 있어요. 기본적으로 만물은 순환하기 마련이잖아요. 우주도, 패션도, 음악도 모든 것이 순환하고 있으니까요. 그래서 콜라의 미래 역시 어느 시점을 기준으로 보느냐에 따라 달라지겠지만, 기본적으로는 순환하고 있는 약과 화학 물질로 표현하는 것이 맞을 듯합니다.

07

단 한 권의 책을
판매하는 서점

일주일에 한 권씩,
1년에 대략 50권 정도의 책을
판매하고 있습니다. 사람들의
커뮤니케이션에서 새로운 무언가가
태어나는 장소, 현대 사회의
좋은 부분이 반영되는 장소로
존재하고 싶어요.

모리오카 서점

모리오카 요시유키

모리오카 요시유키 森岡督行

MORIOKA SHOTEN 모리오카 서점

'한 권의 책을 판매하는 서점'. 모리오카 씨의 첫 인상은 '모리오카 서점'을 표현하는 이 글에서 시작됐습니다. 지금까지 들어본 적이 없는 이 독특한 서점을 운영하는 주인공이 과연 누구인지 너무 궁금해졌거든요. 서점에서 근무한 오랜 경력도 눈에 띄었지만 긴자나 쇼트케이크 같은 주제를 역사적 사실을 바탕으로 자신의 감성을 담아 소개한 잡지 연재나 단행본에서 감명을 받기도 했고, 때로는 구찌, 꼼데가르송 등의 브랜드의 모델로 등장해서 놀라기도 했어요.

그리고 이런 다양한 모습은 결국 '모리오카 요시유키'라는 한 사람의 브랜드로 귀결되는 것이 아닐까 하는 생각이 들었습니다. 아마도 그 이미지가 실제 공간으로 잘 드러난 곳이 바로 '모리오카 서점'이 아닐까 해요. 조금 더 깊이 모리오카 씨의 이야기를 들으러 긴자로 발걸음을 옮깁니다.

인스타그램 @moriokashoten

Profile

1974년 야마가타현 출생.
주식회사 모리오카서점 대표. 문필가.
도쿄 진보초의 유서 깊은 고서점인
잇세이도―誠堂書店에서 8년 동안 일을 하고
2006년에 독립했다. '한 권의 책을 판매하는 서점'
이라는 전례 없는 컨셉으로 평가받으면서,
2022년 런던의 쿠리어Courier사가 발행한
'세계 최고의 가게The World's Best Shops'에 선정되었다.
저서로 《800일간의 긴자 일주 800日間銀座一周》,
《황야의 헌책방 荒野の古本屋》, 《쇼트케이크를 허용
하다 ショートケーキを許す》 등 다수가 있다.
2025년 《긴자에서 가장 작은 서점
銀座で一番小さな書店》의 한국어판이
펜슬프리즘PENCILPRISM Inc에서 출판될 예정이다.

어린 시절 모리오카 씨에 대해서 이야기해 주시겠어요?
일본 동북지방의 야마가타현에서 자랐기 때문에 도쿄와는 매우 다른 환경에 있었어요. 서점은 있었지만 문학적이거나 문화적인 분위기는 아니었죠. 하지만 근처에 아름다운 강이 흐르고 있어서 여름에는 수영을 하거나 물고기를 잡았는데, 즐거웠던 기억이자 굉장히 중요한 경험이었어요. 도쿄에 와서 서점 일을 하며 독립하게 되었는데요, 독립 후의 모습이 물고기를 잡을 때의 태도와 비슷하다는 걸 깨달았거든요. 개인 일을 시작하면 매달 정기적인 수입이 있는 것이 아니기 때문에 스스로 무언가를 찾아내야만 하죠. 그런 상황이 강에서 물고기를 찾고 함께 의논해 물고기를 잡는 것과 재미가 비슷해요.

모리오카 서점은 일주일에 한 권의 책을 소개하고 판매하는 곳으로 알려져 있는데요, 모리오카 서점은 이곳 긴자에서 어떤 기능을 하고 있나요?
다양한 손님이 오시지만, 보통 매주 오시는 단골 손님, 책을 쓴 저자분의 팬, 그리고 재미있는 가게가 있다고 해서 일본 국내와 해외에서 오시는 관광객으로 구분되는 것 같아요. 그리고 이 중에는 프리랜서 분들도 꽤 많은 것 같습니다. 정보를 얻으러 오시기도 하고, 저를 비롯해 이곳에 오신 분들과 대화를 나누다가 영감을 얻기도 하시고요. 그런 만남이 구체적인 일로 연결되는 경우도 있을 것 같아요.

모리오카 씨가 서점을 시작하게 된 계기는 무엇인가요?
저는 1998년부터 8년동안 칸다 진보초의 헌책방에서 일했어요. 그러다 31세 때 독립하게 되었죠. 처음 공간은 카야바초에 있는 1927년에 지어진 건물이었습니다. 건물의 분위기가 너무 좋아서 서점과 갤러리를 해보자는 마음이 생겼어요. '이런 걸 해보자' 하고 장소를 찾은 것이 아니라 장소를 찾고 난 후 여기서라면 뭔가 할 수 있지 않을까 하는 마음이 고조된 셈이죠. 카야바초 지점에서 신간 출판 기념 행사를 했는데, 이런 책 한 권만 있어도 괜찮겠다는 생각이 들었어요. 이 한 권을 위해 손님이 찾아오는 거죠. 한 권의 책으로부터 풍부한 대화가 생겨나고 그곳에 모인 사람들이 너무나도 행복해 보였어요. 서점에 있어서는 매상으로도 이어집니다. 카야바초 매장을 9년간 운영했고, 다음 10년은 새로운 것을 해보고 싶어서 '책 한 권을 파는 서점'으로 해보자고 결심했어요. 조사해봤는데 세계에서 이런 방식으로 서점을 운영하는 사람은 없었습니다. 사회적으로도 의미가 있기도 했고 좋아해주는 사람도 많을 것 같았어요. 이 컨셉이 탄생하기까지 카야바초의 10년이라는 시간이 있었습니다.

주간에 판매할 책은 어떤 기준으로 선정하시나요?
사실 이곳에 오는 손님은 작가나 편집자인 경우가 많아서 먼저 문의를 해주시는 경우가 많아요. 제가 책을 선정하기보다는, 이 장소와 컨셉이 선택되는 셈이죠. 일주일에 한 권씩, 1년에 약 50권 정도의 책을 판매하고 있습니다.

모리오카 씨의 포지션이나 역할을 무엇인가요?
이곳이 인기가 많아지면서 세계 여러 언론에서 취재를 하러 오고, 코로나 이전에는 전 세계에서 손님들이 오셨어요. 이런 컨셉이 여기밖에 없다는 것을 알게 되면서 이 공간이 소중하다는 생각이 들었죠.

© Hayashi Miyuki

그래서 이곳의 컨셉과 장소를 유지하는 일이 저의 역할이라 생각하게 되었어요. 어떻게든 지속하고 남겨두고 싶어요. 이 생각은 이곳에서 영업을 하고 1년 정도 지나서 생각하게 된 것 같아요.

모리오카 서점에는 서점 내 선반이나 집기 같은 물건이 거의 없어요. 어떻게 보면 화이트 큐브 같은 공간 같은데, 이 공간의 특징은 무엇인가요?

판매할 책이 매우 다양하다는 점을 특징으로 볼 수 있어요. 이번 주는 요리에 관한 책이에요. 다음 주는 건축이고요. 사진집, 소설이나 자수 등 어떤 책, 어떤 작가가 와도 조화롭게 어울리도록 이 공간의 바닥 비율을 황금비율인 1:1.6으로 맞췄습니다.

모리오카 서점을 하면서 가장 좋았다고 생각한 것이 있다면 무엇일까요?

일의 폭이 훨씬 넓어졌다는 점이요. 세계 각지에서 손님이 오시기 때문에 그 도시로 불러주시기도 해요. 서울도 갔고, 대만, 인도도 갔어요. 그런 게 좋았어요. 그리고 평소에는 만날 수 없는 분들을 만날 수 있게 된 점도 좋습니다. 때로는 제가 존경하는 사람을 만날 수 있는 계기가 되기도 합니다.

반대로 굉장히 힘들었던 에피소드가 있을까요?

코로나가 가장 힘들었죠. 여러 일이 있었어요. 그중 하나는 스리랑카 콜롬보의 헌책방 거리에서 한 서점의 책을 전부 구입해 오사카에 카페를 만들고 그 안에 도서관을 만드는 일이었죠. 흔치 않은 기획이라서 화제가 될 것 같았어요. 저도 재미있을 것 같았고요. 그래서 직접 스리랑카에 가서 서점을 통째로 사왔어요. 그 서점의 직원도 굉장히 놀라고 기뻐했죠. 그런데 프로젝트를 의뢰한 쪽에서 자금 문제가 생겨 의뢰인이 사라져버렸어요. 저에게 돈도 들어오지 않았고요. 구입해온 책은 오사카로 보냈지만 의뢰인이 없어져서 매우 곤란했어요. 결국은 의뢰인의 아내에게 비용을 청구했습니다. 비용의 일부를 회수하긴 했어요. 아주 조금이었지만.

다른 에피소드는, 코로나 기간 동안 긴자 사진집을 제작했어요. 이 공간에서 영업을 할 수 없었기 때문에 온라인으로 판매했죠. 어느 날 매우 감동했다는 분이 오셔서 100만 엔어치의 책을 사겠다고 하셨어요. 그리고 다음 날 은행에 100만 엔이 입금되었죠. 언제든 상관없으니 열심히 하라고 하셨어요. 그런데 그다음 달에 코로나 때문에 회사가 어려워져서 100만 엔을 전부 돌려달라고 하더라고요. 돌려줬습니다.

이런 경우 우울해질 것 같은데, 기분 전환은 어떻게 하세요?

원래 낙천적인 면이 있는 것 같아요. 너무 깊게 생각하지 않는 편이에요. 궁지에 몰리거나 위기에 처하면 오히려 이상한(?) 에너지가 나오는 것 같아요. 긍정적으로 생각해야죠.

그렇다면 모리오카 서점의 목표는 무엇인가요?

'서점'이라는 공간은 동네에서 점점 사라져가는 듯하지만 한편으로는 커뮤니케이션의 새로운 미디어로서 착안되고 있는 측면도 있어요. 모리오카 서점은 후자를 택해서 나아가려고 합니다. 사람들의

지금 하는 일과 이 공간을
최대한 오래 지속하고 싶다는 생각을 합니다.

커뮤니케이션에서 새로운 무언가가 태어나는 장소, 현대 사회의 좋은 부분이 반영되는 장소로 존재하고 싶어요. 지금 하는 일과 이 공간을 최대한 오래 지속하고 싶다는 생각을 합니다. 그리고 제가 글 쓰는 일도 하고 있고요.

지금 한국은 개인의 가게와 카페, 서점을 하고자 하는 분들이 많은데요, 자신의 가게를 하고자 하는 분들께 조언 부탁드립니다.
한국을 비롯해 어느 나라나 초등학교나 체육관에 글귀 같은 것이 있을 거예요. '성실하게', '밝게', '명랑하게', '착실하게' 같은. 중요하니까 붙인 것이겠죠? 세상엔 다양한 일이 있어요. 독립을 한 사람도 있고, 회사에 다닐 수도 있고요, 음악을 할 수도 있고, 의료계에 종사할 수도 있죠. 아마 저런 글귀들은 일을 할 때 어쩌면 가장 기본이 되는 자세들일 것 같아요. 성실하거나 밝다거나 하는 것이 대학에 들어가거나 전문 지식을 배우는 것보다 어려울지도 몰라요.

모리오카 씨가 생각하는 좋은 가게와 브랜드에 대해서 말씀해주세요.
역시나 사람이 아닐까요? 결국 사람이 재미있어야 해요. 저는 사람이 좋은 가게나 사람이 좋은 브랜드, 그런 곳에 가고 싶어요. 예를 들면 루팡이라는 긴자의 바$_{bar}$나 메지로에 있는 고물상 사카다 등이 그 전형일 것 같아요.

컨셉이 독특하고 재미있는 장소로 해외에서 취재 요청이 많잖아요. 지금 시점에서 돌이켜 보았을 때, 이런 컨셉의 서점이 된 가장 큰 포인트가 무엇일까요?

대학을 졸업할 때 내가 제일 좋아하는 일을 하고 싶다는 생각이 가장 컸어요. 진보초 헌책방에 취직하면서 이 일을 계속하고 싶다는 생각이 이런 형태로 발전하게 되었죠. 처음에는 돈을 많이 벌지 않아도 좋으니 내가 좋아하는 일을 하면서 살고 싶다는 생각이 가장 중요했던 것 같아요. 그리고 시행착오를 겪으며 나름대로 형태를 바꿔나가면서 지금의 컨셉이 되었어요.

서점을 운영하면서 현실적인 문제에 부딪치셨나요?
맞아요. 이 구조로 자본주의 안에서 어떻게 살아갈 것인가 하는 문제가 있었죠. 경영적으로 운영이 잘되지 않아서 그만두려고 한 적도 몇 번 있었어요. 자금을 마련하려고 분주했던 적도 있었습니다. 팬데믹 시기는 물론 힘들었고요. 그 경험으로부터 배운 건 하나입니다. 뜬금없을지 모르지만 아까 언급했던 초등학교와 중학교의 체육관 같은 곳에 적혀 있는 교훈 같은 글귀요. 제가 진보초의 헌책방에서 일했을 때 업계 선배가 '성실하게, 밝게, 솔직하게' 그런 것이 중요하다고 조언해 준 적이 있어요. 저는 25년간 사회인으로 살면서 그 이야기가 정말 맞다고 생각하고 있어요. 성실하고, 밝게, 솔직하게. 굉장히 단순한 거잖아요. 하지만 사실 이런 태도를 몸에 지닌다는 건, 어느 전문 조직이나 기술 분야에서도 결코 쉬운 일이 아니에요. 가장 중요하기 때문에 그렇게 늘 모두가 볼 수 있는 곳에 붙어 있는 거였어요. 저 역시 그렇게 존재하려고 생각해왔고 앞으로도 그렇게 존재하고자 합니다. 왜냐면 다시 새로운 기획에 도전하려고 생각하고 있기 때문이에요. 따라서 여러분들께도 같은 이야기를 전해드립니다.

© Hayashi Miyuki

인터뷰를 하다 보니 브랜드의 대표님들께서 현실적인 문제와 앞으로 나아가야 한다는 책임감 사이에서 고독함을 느낀다고 말씀하시는 경우가 있었어요. 모리오카 씨도 고독을 느껴본 적 있나요?

그럼요. 기본적으로 늘 고독해요. 고독을 극복하는 건 어렵지만 상당히 중요해요. 그래서 꿈이 필요합니다. 저는 모리오카 서점이 오래 지속되는 것이 하나의 꿈일지도 모르겠어요.

08

책의 가치를 생각하다

팔리는 책을 파는 것이 아니라
팔고 싶은 책을 파는 것.
저희는 우리가 팔고 싶은 책을 가장
잘 팔자는 것이 컨셉 같아요.

우치누마 신타로　　　　　　　　　內沼晋太郎

B&B(Book&Beer),　　　　　책방 B&B,
Nikkiya Tsukihi　　　　　일기 전문점 월일

'종이 매체가 점차 줄어드는 이 시대에 종이로 만들어진 책의 가치는 과연 어디에 있을까?' 우치누마 신타로라는 인물의 이야기를 마주하면서 가장 많이 생각했던 내용이었습니다. '북 코디네이터'라는 타이틀을 내걸고 컨셉숍이나 호텔 등의 서적 셀렉을 담당하고, 책과 맥주를 즐길 수 있으며 매일같이 이벤트가 열리는, 당시로서는 획기적인 형태인 서점 '책방 B&B本屋 B&B'를 오픈하는 등, 항상 책을 매개체로 새로운 가능성을 탐구하는 그의 모습을 보면서 앞서 언급한 '책의 가치'에 대해 생각해 봅니다.

최근 그가 담당한 주목할 만한 프로젝트 중 하나는 시모기타자와의 지역 개발 회사를 운영하면서 참여한 '보너스 트랙BONUS TRACK'입니다. 선로가 있던 공간을 재개발해 만들어진 주거, 상업, 문화 공간입니다. '보너스BONUS처럼 생겨난 선로TRACK가 있던 공간', '음반의 보너스 트랙처럼 작품의 외부에 있으나 아티스트가 작업하기 편한 환경이 조성된 여백이 있는 장소'. 이곳은 다양한 사람들이 하고자 하는 것을 전개한다는 의미가 담겨 있는 공간이기도 합니다. 그리고 이곳에 '책방 B&B'와 새롭게 자리한 일기 판매 서점인 '일기 전문점 월일日記屋 月日'이 오픈하게 되었습니다. 지금까지의 프로젝트를 관통하는 북 코디네이터의 이야기부터 최근 프로젝트인 보너스 트랙까지, 책과 일을 둘러싼 다양한 이야기를 들어봤습니다.

책방 B&B
홈페이지 https://bookandbeer.theshop.jp
인스타그램 @books_and_beer_

일기 전문점 월일
홈페이지 tsukihi.jp
인스타그램 @nikki_tsukihi

Profile

1980년 출생. 북 코디네이터.
주식회사 누마북스NUMABOOKS 대표 이사,
주식회사 밸류북스VALUE BOOKS 이사.
'책방 B&B' 공동 경영자이자
'일기 전문점 월일' 오너로 책과 관련된
다양한 업무에 종사하고 있으며,
도쿄 시모기타자와의 지역 개발 회사
'주식회사 산뽀샤散歩社'의 대표 이사를 맡고 있다.
저서로《앞으로의 책방 독본これからの本屋読本》,
《책의 역습本の逆襲》등이 있다.
현재, 도쿄 시모기타자와, 나가노 미요타마치
두 곳을 거점으로 생활하고 있다.

어린 시절이나 학창 시절의 우치누마 씨에 대해 소개해주세요.

비교적 평범한 아이였어요. 초등학생 때는 학교 수업보다는 관심 있는 것들을 찾아보고 공부하는 아이였던 것 같아요. 중학생 때부터는 음악에 관심이 있어서 작곡을 하거나 밴드 활동을 시작했고, 대학생이 될 때까지 했어요. 대학생 때는 뮤지션이 되고 싶다는 생각도 했을 정도였지만 제가 만든 음악에 스스로 좌절하면서 음악을 업으로 삼는 건 어렵겠다는 판단을 했습니다. 이후 문학이나 영화, 연극이나 미술 등 여러 가지 관심사를 모두 담을 수 있는 잡지에 관심을 가졌어요. 잡지를 만드는 동아리에서 활동하기도 했고, 친구들과 진zine▲을 만들어서 판매도 했습니다. 책을 만든다는 건 실제로 굉장히 어렵더라고요. 책을 만드는 사람으로서 최고가 될 수 있을지도 의문이 들었고요.

제가 대학생이었던 당시 일본은 젊은 사람들이 책을 읽지 않는다는 말이 나오기 시작한 시대였어요. 인터넷이 등장한 시기였거든요. 그런데 저는 젊은이들이 책을 읽지 않는 것이 반드시 세상의 변화와 젊은이들 때문이 아니라 책을 전하는 측의 노력이 부족한 것이 아닐까, 시대에 맞는 방식으로 전달하지 못한 건 아닐까 하는 생각이 들었습니다. 그래서 책을 만드는 일보다는 팔거나 전달하는 쪽에 더 가능성이 있고, 제가 할 수 있는 일이라고 생각했어요. 그 생각 그대로 지금에 이르게 된 것 같아요.

▲ magazine의 줄임말로, 독립적으로 발행되는 소규모 출판물을 의미.

매일을 기록하는 것이 우리가 살아 있음을 느낄 수 있고,
자신의 하루를 소중히 여기는 즐거움을 발견하는 방법이라고 생각해요.

방금 말씀하신 내용이 북 코디네이터의 개념일 텐데요, 요즘은 한국에서도 북 코디네이터로 활동하는 분들도 많아서 익숙하지만, 당시에는 북 코디네이터라는 말이나 개념이 익숙하지 않았을 것 같아요.
맞아요. 북 코디네이터라는 말 자체가 제가 스스로 붙인 직함이에요. 우선 처음에는 서점에서 근무했습니다. 제 가게를 갖고 있는 건 아니었고, 여러 곳에 책 매장을 만들거나 라이브러리 디렉팅을 하는 일을 조금씩 시작하던 때였어요. 처음에는 프리랜서 서점원이라고 말하곤 했는데 앞서 말한 그런 의미가 잘 전달되지 않더라고요. 서점이 어디에 있느냐고 물어보시는 경우도 많았고요. 그래서 제가 하는 일이 무엇으로 불리면 좋을지 생각하다가 북 코디네이터라는 이름을 붙였어요.

책을 만드는 일보다 팔거나 전달하는 업무의 가능성을 봤다고 하셨는데, 본격적으로 일을 시작하시게 된 계기가 궁금합니다.
변화하는 시대에 맞게 책을 판매하고 전달하는 다양한 형태가 있을 것 같았어요. 처음에는 헌책을 판매하는 프로젝트에서 책을 보이지 않게 포장해서 판매하는 방법을 시도해봤어요. 그리고 우연히 의류 매장 안에 책 판매대를 제작해달라는 요청이 왔고요. 이런 활동들을 계속하다 보니 다른 곳에서도 유사한 의뢰가 계속 들어왔어요. 이것이 누마북스의 시작이었습니다.

저는 2006년부터 2011년까지 도쿄에 있다가 이후에는 서울과 도쿄를 왔다 갔다 하고 있는데요, 시모키타자와에 새로운 형태의 서점이 생겼다는 소식을 듣고 방문했을 때 가장 놀란 것은 서점에서 생맥

주를 판매하고 있다는 점이었어요. 하나 더 놀란 것은 매일 밤 이벤트가 있다는 점이었고요. 책방 B&B는 언제 시작하셨죠?

2012년에 시마 코이치로嶋浩一郎 씨(일본의 광고회사 하쿠호도 케틀의 창업자이자 크리에이티브 디렉터)와 함께 운영을 시작했습니다. 당시 일본도 서점이 점점 줄고 있었어요. 2000년대 초반은 아마존 같은 온라인에서 책이 판매되면서 오프라인 서점의 매출이 줄어들고 있는 시기였습니다. 여러 비즈니스 모델을 고민하다가 맥주를 판매하거나 매일 밤 이벤트를 하는 아이디어를 구체화시켰죠. 단순히 책을 파는 것만으로는 서점이 지속되기 어렵다는 사실을 알았기 때문에 서점과 함께 시너지를 낼 수 있는 다른 사업을 결합해 전체적으로 수익을 창출해야 한다고 생각했던 것 같아요.

매일 밤 서점에서 진행한 이벤트는 손님들이 서점을 찾을 수 있는 계기를 제공했겠네요.

그 이벤트가 서점에 가지 않는 사람들을 서점으로 오게 하는 직접적인 계기가 되었는지는 잘 모르겠어요. 다만, 책을 좋아하는 사람으로서 작가의 이야기를 직접 들을 수 있는 장소를 좀처럼 찾기 어려웠고, 매일 다양한 사람들의 이야기를 들을 수 있는 공간도 드물었기 때문에 그런 장소를 직접 만들고 싶었어요. 그렇게 책을 좋아하는 사람들이 모이는 장소가 된 것 같습니다.

특별히 염두하신 타깃층이 있었나요?

책을 좋아하는 사람들이 모여 제대로 된 모임을 갖고 싶다는 생각이었기 때문에 나이나 성별을 별도로 상정하지는 않았습니다.

책방 B&B를 운영하면서 기억에 남는 에피소드가 있으신가요?
에피소드라고 해야 할까요? 지금 이곳이 세 번째 매장이에요. 첫 번째 매장은 건물이 철거될 예정이라 이전해야 하는 상황이었죠. 이전하더라도 시모키타자와에서 계속 운영하고 싶어서 적당한 장소를 찾아다녔는데 좀처럼 찾을 수 없었답니다. 결국 트위터(현 엑스)에 "현재 매장과 계약이 종료되어 이전할 곳을 찾고 있습니다. 어떤 정보라도 알려주세요"라는 메시지를 썼는데, 글이 엄청나게 퍼져서 결국 시모키타자와에서 계속 운영할 수 있게 되었어요. 고민을 퍼트려주고, 공유해주는 사람들이 많았다는 점이 정말 좋았어요. B&B가 계속 시모키타자와에 있었으면 한다는 사람들이 많다는 것을 체감했습니다.

세 번째 매장은 2022년 11월에 잠시 들렀었어요. 제 관심사인 도쿄 관련 책만 있는 섹션에서 책을 많이 구입했었는데, 지금도 섹션 구성에 컨셉이 있으신가요?
장르적인 의미는 아니지만, 가능하면 진심으로 좋다고 생각하는 책을 판매하는 걸 매우 중요하게 생각합니다. 팔리는 책을 파는 것이 아니라 팔고 싶은 책을 파는 것. 많은 서점들이 인기가 많은 책, 팔릴 것 같은 책 등을 수요에 맞춰 판매합니다. 그런 책은 다른 서점에서도 팔고 있고, 아마존에서도 살 수 있죠. 저희는 우리가 팔고 싶은 책을 가장 잘 팔자는 게 컨셉 같아요. 가급적 소수의 목소리를 전달하거나 작은 제작자 같은 사람들을 소중히 여깁니다. 영향력이 있거나 규모가 큰 출판사의 책은 대형 서점에서 잘 팔리니까요. 저희는 아직 세상에 많이 알려지지 않았거나, 힘이 강하지 않거나, 시작한 지

얼마 되지 않았다고 해도 제대로 된 좋은 책이 있다면 적극적으로 팔고 싶다고 항상 생각해요.

최근 우치누마 씨의 활동을 찾아보면서 흥미로웠던 점이 '일기 전문점 월일'이었어요. '일기'라는 테마로 관련된 책과 문구를 판매하는 공간이더라고요. 제 주변 지인들이 추천을 한 곳이기도 한데요, 일기장 전문점이라는 것이 일본에서도 한국에서도 거의 없는 것 같은데 일기 가게를 시작하게 된 계기가 있으신가요?

'일기'라는 장르(?)를 좋아해서 여러 매체에서 추천 도서를 물어올 때면 일기 책을 소개했습니다. 그리고 일기를 읽는 것뿐만 아니라 쓰는 것도 재미있다고 생각합니다. 이곳 보너스 트랙의 공간들을 구성할 때 커피 스탠드가 있으면 좋겠다는 생각을 했는데, 불현듯 일기의 재미를 전하고 싶다는 생각이 떠올랐어요. 일기 가게라고만 하면 사업적으로 성립되기 어려울 수도 있겠지만, 매일 마시고 싶은 커피를 함께 팔면서 일기 전문점을 운영하는 방식이에요. 일기를 좋아하는 사람들이 이 공간을 알게 되고, 일기와 관련된 여러 정보나 일기를 주제로 활동하는 사람들이 자연스럽게 모일 것이라고 생각했어요. 커피 스탠드가 안정적인 매출을 만들어준다면 일기 전문점으로도 성공할 수 있다고 생각해서 깃발을 꽂았습니다.

실례지만 일기라는 장르의 책이 꽤 많이 있나요? 문득 떠오른 건 《안네의 일기》 같은 책인데, 종류가 부족하지 않을까 생각이 들어서요. 아마추어가 개인적으로 쓴 일기도 리틀 프레스를 통해 판매하는 경우가 있다고 들었는데 그런 느낌일까요?

우선 《안네의 일기》 같은 스테디셀러 작품은 물론 있고요, 나머지는 좀 더 역사 자료에 가까운 것들이에요. 예를 들어 전쟁이라든지, 누군가가 쓴 투병기, 여행기처럼 어떠한 계기로 정리된 주제에 대해 일기 형식으로 쓰여진 작품들도 많이 있습니다. 그리고 작가나 예술가 등 여러 유명인들의 일기는 사후에 공개되기도 해요.

소위 말하는 출판사에서 정식으로 출판되는 일기 책도 많지만, 그것과는 별개로 좀 더 개인적인, 스스로 일기를 쓴 사람이 리틀 프레스나 진 같은 형태로 책을 만들어서 판매하는 문화를 좀 더 활성화하고 싶어요. 그래서 오픈할 때부터 개인이 만든 책을 많이 취급했고, 현재는 개인이 만든 일기 책의 매출이 훨씬 더 높아요. 보통 출판사에서 발행하는 책들이 갖고 있는 정형화된 형식과도 다르고, 발행 부수도 소량이지만 평범한 사람의 담담한 일상의 이야기가 제대로 담겨 있어서 재미와 감동을 받으시는 것 같아요.

온라인에서 회원제 모임인 월일회月日숲(츠키히카이)라는 일기 회원제 모임도 운영하고 계세요. 실제로 어떤 형태로 일기가 모이고, 게시되고 있나요?

기본적으로 월정액 회원으로 가입한 사람들 중 매주 포스팅을 하고 싶은 분들이 자신의 일기를 정해진 양식에 맞춰 보내주시면 저희가 편집해서 회원들에게만 메일 매거진 형태로 매주 발행하고 있어요. 일주일 분량의 일기를 보내주시면, 수십 명의 일주일 일기가 모이는 형식이에요. 실명으로 쓰는 사람도 있고, 익명으로 쓰는 사람도 있어요. 그리고 그 일기들을 직접 책이나 진으로 만드는 분들도 계세요.

지금 이 시기에 일기가 필요한 이유, 혹은 일기를 써야 하는 이유가 있다면 무엇일까요?

우리는 불안정한 세상을 살아가고 있는데요, '이렇게 살아야 한다'는 외부 정보가 굉장히 많아요. 그런 것들에 쉽게 휩쓸리고, 미래를 위해 무언가를 준비하고 성장해야 한다는 긴장 속에서 살다 보면 마음이 금방 지쳐버려요. 누구나 다 성공할 수 있는 건 아닌데 세상은 성공을 계속 강요하죠. 그래서 저는 미래에 무엇을 해야 한다는 생각만 하기보다는 매일을 기록하는 일이 우리가 살아 있음을 느낄 수 있고, 자신의 하루를 소중히 여기는 즐거움을 발견하는 방법이라고 생각해요. 그래서 일기가 주목받고 있는 게 아닐까요?

우치누마 씨의 이야기를 들으니 일기를 쓰고 싶어집니다. 보통은 인스타그램 같은 소셜 미디어에 쓰는 글도 어느 정도 일기에 가까운 느낌이 있잖아요. 우치누마 씨는 그런 글들이 일기와 같은 느낌으로 정보를 전달할 수 있다고 생각하시나요?

자주 받는 질문이에요. 소셜 미디어라는 것은 어느 정도 타인에게 보여지는 자신을 의식하게 되잖아요. 다른 사람에게 어떻게 보이든 상관없는 사람은 모르겠지만, 어떻게 보일까 신경을 쓰다 보면 진짜 내 마음은 적지 못하거나, 자신을 좀 더 강하게 포장하게 돼요. 그래서 소셜 미디어에 지쳐버리는 사람도 일정 부분 있다고 생각합니다. 그런 분들은 비공개로 일기를 쓰거나, 혹은 제가 운영하고 있는 월일회 같은, 현실에서는 모르는 사람들에게만 공유되는 공간이 본인을 드러내기 편해서 일기를 쓰는 것 같아요.

일기 전문점 월일의 앞으로의 목표는 무엇인가요?
일기의 재미를 더 많은 사람들에게 전달하고 싶어요. 지금은 1년에 두 번, 일기 축제라는 행사를 진행하고 있습니다. 굉장히 많은 분들이 오시고 기업 협찬도 받기 시작했어요. 특별한 무언가보다는 일기라는 문화가 확산되는 데 저희 가게가 뭔가 기여하면 좋겠어요.

주제를 조금 바꿔보겠습니다. 이곳은 보너스 트랙이라는 동네에 조성된 공간이에요. 이전에는 선로였었죠?
맞아요. 원래는 선로였어요. 재개발을 시작한 것은 오래되었는데요, 2020년 4월 정도, 그러니까 코로나가 본격적으로 시작된 즈음에 개발을 마치고 오픈했습니다. 시모키타자와에서 계속 영업하던 B&B가 이곳으로 이전하게 되었죠. 오다큐 전철 회사에서 이곳의 재개발을 추진하면서 열린 청문회에 참석하게 되었고, 그 후 실제 프로젝트에 참여해 달라는 요청을 받아 본격적으로 진행하게 되었습니다.

보너스 트랙을 비롯해 미야시타 파크 등 복합 상업시설이 늘어나면서 동네 서점이나 레코드 상점과 같이 개성 있는 브랜드들이 입점하고 있는데요, 보너스 트랙을 구성하는 가게나 브랜드의 선정 기준은 무엇인가요?
규모가 큰 체인점이나 유명 브랜드가 아닌, 개인의 새로운 도전이나 기존 기업의 실험적인 시도를 우선적으로 고려했습니다. 즉, 평범한 곳에서는 시도하기 어려운 독특한 업태를 추구하는 것이 핵심 기준이었어요. 원래 시모키타자와는 복잡한 건물들 사이 숨겨진 개성 넘치는 가게들이 매력적인 동네였습니다. 하지만 역 앞 임대료가 급등

하면서 대형 프랜차이즈 위주로 상권이 재편되었고, 이는 시모키타자와 특유의 분위기를 해칠 수 있다는 우려를 낳았어요. 오다큐 측에서도 이러한 문제점을 인지하고 시모키타자와 본연의 매력을 되살릴 방안을 고민했습니다. 그 결과, 새로운 시모키타자와를 만들어갈 여백과 같은 공간을 조성하기로 결정했고, 보너스 트랙은 바로 이런 컨셉에서 탄생했습니다. 이곳은 끊임없이 새로운 시도가 이루어지는 공간을 목표로 하고 있어요. 역세권에 비해 임대료가 저렴하기 때문에 젊은 창업가나 예산이 부족한 사람들도 부담 없이 가게를 열고 운영할 수 있습니다.

한국 사람들에게도 40대가 되면 직장을 그만두고 자신의 가게나 브랜드를 만들고자 하는 욕구가 많아졌는데요, 그런 의미에서 작은 가게나 자신만의 브랜드를 만들고 싶은 분들이 이 책의 의도나 우치누마 씨의 활동에 관심을 가질 것 같습니다.

인기나 유행에 편승하기보다는 자신이 그동안 전문적으로 해왔던 것이나 남들보다 조금 더 잘 안다고 생각되는 분야에서 창업하시는 것을 추천드립니다. 물론 현재의 트렌드를 읽는 감각도 중요하지만, 치열한 경쟁이 벌어지는 레드오션 속에서 눈에 띄는 무언가가 되기는 상당히 어렵다고 생각해요. 가령, 40대에 다니던 회사를 그만두고 싶다면 더더욱 지금까지 해온 일이 있을 거예요. 그 경험을 살리지 않으면 결국에는 지속할 수 없다고 봅니다. 완전히 새로운 일에 도전하는 것도 멋지지만 지금까지 해왔던 일을 하는 편이 더 잘될 가능성이 크다고 생각합니다.

우치누마 씨가 운영하는 가게들이 단순히 유행을 따르지 않는다는 점을 고려할 때, 직원들과는 어떤 방식으로 소통하시는지 궁금합니다. 직원들과의 커뮤니케이션에서 중요하게 생각하시는 포인트는 무엇인가요?

각 직원의 강점을 살리려고 노력하고 있어요. 직원이 원래 가지고 있는 생각이나 지금 고민하고 있는 것들, 팀 내에서의 불만이나 좋다고 생각하는 것 등을 억지로 누르거나 조정하려 하기보다는 강점을 살려서 더 좋게 만들 수 없을까를 항상 고민하고 있습니다.

탑다운 방식은 아니군요.

네, 전혀요. 오히려 현장에 많은 자율성을 부여하는 편입니다. 물론 그 과정에서 문제가 발생하기도 하지만, 문제를 억압하기보다는 충분한 대화를 통해 해결책을 모색하고, 그 과정에서 직원들의 잠재력을 최대한 발휘하도록 노력하고 있어요. 최근 번역 출간된 아놀드 민델의 저서 《Sitting in the Fire》에서 갈등 상황을 회피하지 않고 마주하며 변화를 이끌어내는 과정을 다룬 내용이 있는데, 저의 생각과도 일맥상통합니다. 저는 직원들의 힘을 최대한 활용하고, 그들의 능력을 통해 조직을 더욱 발전시키고 싶어요.

브랜드를 운영하면서 매일같이 마주하는 선택의 순간들, 그리고 그 과정에서 겪는 어려움과 격무를 어떻게 극복하시는지 궁금합니다.

오히려 많은 일을 하고 힘든 상황을 많이 겪다 보니 대부분의 일에서 냉정해질 수 있는 것 같아요. 제가 여러 가지 일을 동시에 진행하고 있다 보니, 지금 겪고 있는 문제도 과거에 다른 업무를 진행하면서 겪었던 문제와 비슷한 경우가 있어요. 그래서 너무 조급해하지 않고 모든 일을 하나의 경험이라고 생각하면서 임하려고 해요. 그래서인지 크게 힘들다는 생각은 들지 않는 편이에요.

하지만 코로나 때는 조금 힘들었습니다. 코로나 전까지는 경영자긴 했지만 진짜 경영자가 아니었던 것 같아요. 이런 위기가 왔을 때 어떻게 대처하느냐가 진짜 경영이구나라는 것을 코로나 때 처음 깨달았어요. 코로나 이전과 이후에는 경영에 대한 생각이 완전히 달라졌고요. 지난 2~3년 사이에 경험을 쌓으면서 이제야 이 분야를 이해하기 시작했구나 하는 느낌도 있어요.

마지막 질문입니다. 우치누마 씨가 생각하는 좋은 가게나 좋은 브랜드는 무엇인가요?

사람을 행동하게 만드는 가게나 브랜드요. 예컨대 단순히 멋지거나 좋아하는 대상이 되는 것이 지금까지의 브랜드였다면, 그런 시대는 끝났다고 봅니다. 이제는 사회에 긍정적인 영향을 미치고 사람들의 행동 변화를 이끌어내는 힘을 가진 곳이 좋은 가게나 브랜드가 아닐까 싶어요. 단순히 아름답거나 멋있는 브랜드는 넘쳐나기 때문에 사람을 움직이게 하는 사회적 가치를 가지지 않으면 회사든, 가게든, 브랜드든, 그 의미가 점점 퇴색되는 것 같아요. 피상적인 것보다는 좀 더 근본적인, 손님의 마음을 움직여서 행동으로 이어지게 하는 곳이 좋은 가게나 좋은 브랜드 같아요.

일기 전문점 월일의 일기장 코너.

09

한 시대의 분위기를
만들다

저는 브랜드가 가진 기본적인
생각이나 사상, 철학 같은 것들을
중요하게 생각해요.
그리고 이런 것들이 얼마나
지속될지를 생각하는 편이에요.

오카모토 히토시   岡本仁

Landscape Products   랜드스케이프 프로덕트

'한 시대의 분위기를 만든 에디터', '전후戰後 일본 남성 잡지 역사를 다룰 때 반드시 등장해야 하는 에디터'. 오카모토 히토시라는 편집자를 소개하는 글에서 가장 인상에 남는 구절입니다. 아니, 무엇보다 지금도 '오카모토 씨의 팬이다. 리스펙하고 있다'는 이야기를 다양한 분야에서 활약하고 있는 도쿄 사람들에게 듣고 있습니다. 한 명의 에디터라는 개념보다는 한 시대를 관통하는 상징적인 존재 같은 인상이 더 강한 주인공입니다. 그리고 이를 잘 증명해주는 것은 오카모토 히토시가 편집장이던 시절에 만든 〈릴랙스〉라는 잡지입니다.

〈릴랙스〉는 1990년대 말부터 2000년대 초, 매거진하우스에서 발행한 '컬쳐 잡지'입니다. 특히 오카모토 편집장 시대의 과월호들은 지금 세대의 크리에이터에게도 지지를 받고 있어요. '잡지의 회고전'이라는 보기 드문 이벤트도 열렸던, 전설과도 같은 잡지랍니다. 2025년 초 루이비통의 파리 패션 위크에서는 과거 〈릴랙스〉에서 특집으로 다룬 '펑크를 테마로 한 루이비통' 과월호가 전시되기도 했습니다. 잡지의 영역을 벗어나는 잡지를 만들어온 그가 매거진하우스를 퇴사하고 선택한 것은 '형태가 없는 존재의 편집'이었어요. 그러한 편집의 시선과 생활 속 다양한 존재들을 바라보는 컨셉과 브랜딩에 대한 이야기를 들어봤습니다.

오카모토 히토시 인스타그램 @manincafe
랜드스케이프 프로덕트 홈페이지 landscape-products.net

Profile

1954년 홋카이도 출생.
TV 방송국을 거쳐 매거진하우스 〈브루터스〉,
〈릴랙스〉, 〈쿠넬ku:nel〉 등의 잡지 편집을 맡은 후,
랜드스케이프 프로덕트Landscape Products에 입사.
이후 '형태가 없는 존재의 담당'으로
컨셉 메이킹과 브랜딩 등을 담당하고 있다.
최근에는 큐레이션 등도 맡고 있다.
저서로 《오늘의 쇼핑今日の買い物》,
《모두의 가고시마 안내みんなの鹿児島案内》,
《끝없는 책 이야기続々果てしのない本の話》,
《나의 도쿄 지도ぼくの東京地図。》, 《다시 여행また旅。》,
《나의 커피 지도ぼくのコーヒー地図》,
《나의 술집 지도ぼくの酒場地図》 등이 있다.

인터뷰를 해주시는 분들께 드리는 첫 질문은 '어린 시절이 궁금합니다'입니다. 5~6살 이야기를 하신 분도 있고, 초등학교, 중학교 시절 이야기를 하시는 분들도 계세요. 대체로 어떤 성격이었는지, 당시의 취미나 빠져들었던 것, 장래희망 등을 말해주셨어요.

저는 홋카이도에 있는 유바리라는 탄광촌에서 태어났고, 고등학교를 졸업할 때까지 그곳에서 자랐어요. 저는 제가 태어난 마을을 빨리 떠나고 싶었습니다. 그래서 대학 입시가 기회라고 생각했기 때문에 도쿄에 있는 대학을 목표로 공부했습니다.

18살 때부터 도쿄에서 살게 되면서 도쿄 문화가 주변에 넘쳐났기 때문에, 좋아하는 영화도 보고 음반도 사고, 콘서트를 보러 가기도 했어요. 그러다 제가 좋아하는 밴드의 멤버가 삿포로로 돌아가 커피숍을 운영한다는 이야기를 들었고, 고향인 유바리를 찾을 때마다 그 커피숍에 들렀었죠. 아늑한 분위기에 좋은 음악이 흘러나오는 이상적인 가게였어요. 그곳에 매일 가고 싶어서 삿포로에 첫 직장을 구했습니다. 그러다 그 커피숍의 주인이 바뀌고 이후 가게를 맡았던 분도 그만두셔서 삿포로에 있을 의미가 사라진 것 같았어요. 그래서 다니던 회사의 도쿄 지사로 전근을 신청해서 다시 도쿄에 왔습니다.

다니던 회사의 일은 TV 방송국의 영업이었어요. 대행사에 가서 광고를 수주해와야 하는데, 칠판에 대행사 이름만 적고 커피숍에서 커피 마시고 영화를 보고 오는 불량 사원이었죠. 이러다간 삿포로 본사로 돌아가라고 할 것 같아서 고민하던 찰나에 잡지 〈브루터스〉에서 경력 직원 채용 공고를 냈길래 지원을 했고, 이직을 하게 되었습니다. 이직을 하고도 처음에는 영업 일을 했어요.

영업을 하시다가 편집자로 전향하시게 된 계기가 있나요?

입사 2~3개월 정도 되었을 때, 함께 입사한 동기들과 식사를 하게 되었어요. 편집부 직원들의 이야기가 굉장히 재밌게 들리더라고요. 당시는 미나토구의 니시아자부 지역에 사람들이 많이 모였는데요, 그곳에 가면 YMO 같은 유명한 사람들을 볼 수 있다고 하더라고요. 또 취재로 배우이자 가수인 코이즈미 코요코小泉今日子를 만났다는 동료도 있었고요. 편집자가 되면 그런 것도 할 수 있는 거구나 싶었죠. 같은 월급을 받는데 그들의 일이 더 재미있고, 즐거워 보였어요. 나도 편집부로 옮길 수 있을까 생각했죠.

마침 입사 6개월 후 진행되는 연수 프로그램이 있는데, 이 프로그램이 끝나면 소감문을 쓰는 과제가 나왔어요. 각 부서의 부장님들이 읽는다고 하더라고요. 편집장도 부장직이기 때문에 매거진하우스의 여러 편집장들이 읽는다고 생각하니 눈에 띄는 감상문을 써야 될 것 같았어요. 그래서 유명 작가 4명의 문체를 모방하는 컨셉을 잡았어요. 문체를 모방할 작가는 무라카미 하루키, 타나카 야스오田中康夫♠, 시이나 마코토椎名誠♠♠, 쇼우지 사다오庄司貞雄♠♠♠로 정했고, 타나카 야스오 버전은 주석을 다는 것까지 흉내를 냈어요. 우연히 〈엘르 재팬ELLE Japan〉의 편집장 눈에 띄어서 편집자의 길을 걷게 되었죠.

♠ 일본의 소설가. 1980년 소설 《어쩐지 크리스탈》을 발표했다.
♠♠ 1944년 동경에서 태어났으며, 편집장, 영화 감독 등 화려한 경력을 가지고 있다. 소설 《험한 산 이야기》, 《소금쟁이 호의 모험》, 《긴자의 까마귀》 외에도 동화 《여름의 꼬리》가 있다.
♠♠♠ 1937년 출생. 만화가이자 수필가이다. 와세다대학교 러시아문학과를 중퇴하고, 1970년 《단마 군》, 《신만화문학전집》으로 문예춘추 만화상을 수상했다. 1995년 《돼지, 통째로 맛보기》로 고단샤 에세이상, 1997년 기쿠치칸상, 2000년 문화훈장을 수상했다. 2001년 《아삿테 군》으로 일본만화가협회상 대상을 수상했다.

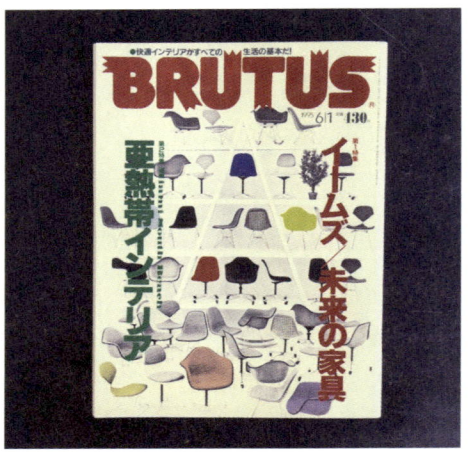
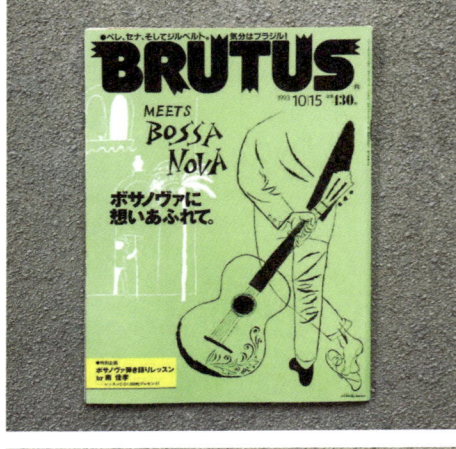

오카모토 씨의 첫 편집 경력은 여성 잡지였군요.
맞습니다. 여성 잡지, 패션 잡지, 그것도 프랑스 매거진. 그전에는 제가 미국광이었어요. 어린 시절에는 미국 영화나 드라마를 보고 청소년기에는 미국 문학의 영향을 받으면서 자랐던 것 같아요. 음악도 미국이나 영국 음악을 듣곤 했죠. 그런데 갑자기 프랑스 문화를 배워야 하는 상황이 되어버린 거죠.

편집부로 부서 이동을 하신 후에는 어떠셨어요?
우선 다들 취미의 폭이 넓고 깊었던 것 같아요. 가령 배우이자 감독인 잔 모로Jeanne Moreau♠를 좋아하는 에디터가 있어요. 잔 모로를 발행호 전체 특집으로 진행하기는 어려워도 영화 특집을 제작할 때는 그 에디터가 함께 하는 게 맞는 거죠. 바라보는 시각이나 짚어줘야 하는 부분 등이 확실히 넓어요. 그런 점이 재미있었어요.

오카모토 씨가 편집장이었던 〈릴랙스〉의 부편집장도 했고, 〈긴자〉 편집장을 하셨던 나카시마 토시코 씨도 그런 코멘트를 한 걸 본 적이 있어요. 선배들이 그 직업의 전문가보다 더 잘 아는 사람들이 모인 느낌이라서 그 자리에서 뭘 해야 할지 몰라 당황한 적이 많았다고요.
저도 마찬가지였어요. 〈엘르 재팬〉 팀에 들어왔을 때, 대부분의 사람들이 모두 프랑스어를 할 줄 알았어요. 압도당하는 느낌이었죠. 회사에 입사하고 훈련을 받는 것도 아니고, 커리큘럼이나 편집자가 되기 위한 교육 시스템 같은 것은 전혀 없었죠. 일부러 이런 사람들을

♠ 1928년에 출생한 프랑스의 배우이자 가수, 영화감독.

뽑은 것도 아니에요. 입사 전부터 그런 사람들이었죠.
제안한 기획이 잘리는 이유는 "그건 너무 평범한 거 아니야?", "누구나 생각할 수 있는 것 아니야?", "그건 재미없어" 같은 것들이었죠. 그런 말을 많이 들었어요. 지속적으로 기획하고 제안하면서 축적된 경험으로 해보고 싶은 것들을 기획하고 제안했어요. 제가 좋아하는 것을 추구하고, 깊이 있게 팠죠. 누군가 '이건 뭐지?'라며 질문할 때, 편집부 안에서 '그 부분은 오카모토 씨가 잘 알고 있어'라는 인식이 생기는 것이 필요할 것 같았어요. 지금은 어떤 지 모르지만, 제가 있을 때는 회사 전체가 그런 분위기였어요.

이미 알고 계시겠지만, 제가 〈릴랙스〉를 매우 좋아합니다. 도쿄다반사를 운영하면서 집중하는 대상이나 유지하고자 하는 감각을 〈릴랙스〉로부터 많이 배웠고 영향을 받았거든요. 〈릴랙스〉 편집장을 맡게 된 계기가 궁금합니다.
제가 편집장을 맡기 전 편집장을 하신 분이 〈릴랙스〉를 창간하신 분이셨어요. 당시 저는 〈브루터스〉 편집부에 있었죠. 어느 날 〈릴랙스〉 편집장을 해보지 않겠냐는 제안을 받았습니다. 저는 그분과 일한 적도 없었고, 또 그분이 저를 잘 알고 있을 거라고 생각하지 않았기 때문에 '왜 제가 편집장을 하면 좋겠다고 생각했는지' 물어봤습니다. 돌아온 대답은 의외로 간단했어요. "너는 건방지지 않은데 건방져 보여서 부탁하고 싶다"였어요. 전혀 예상치 못한 답변이었는데, 적어도 저에게 그런 모습을 보고 있다는 걸 알 수 있었어요. 그 말이 좋아서 "알겠습니다" 하고 제안을 수락했습니다.

판매는 어땠나요? 사실 1999년 3월에 휴간 기간이 있었잖아요.
〈릴랙스〉는 1996년에 창간한 잡지고, 저는 1998년 여름부터 편집장을 맡았는데요, 제가 맡기 전부터 이미 많이 안 팔리고 있었어요. 회사 입장에서는 새로운 편집장을 임명하면서 판매를 늘리고 싶었지만, 제가 편집장이 되면서 오히려 판매 부수가 떨어졌습니다. 편집장을 맡고 첫 번째 잡지 특집을 '그루비전GROOVISION'으로 잡았어요. 당시 그루비전은 아는 사람이 많지 않은 디자인 팀이었는데 표지부터 특집까지 꽉 채우니 영업부 사람들로부터 동인지를 만드는 것 아니냐며 혼이 났었죠. 당연히 안 팔렸어요. 여름에 편집장이 되었고 12월에 송년회를 하는 도중에 휴간된다는 전화를 받았어요. 올 한 해 수고했고, 앞으로도 잘해달라고 인사하는 송년회 자리라서 휴간이 된다는 소식을 부원들에게 알리지도 못했어요.

이후 〈릴랙스〉의 휴간을 반대하는 사내 서명 운동이 일어났죠?
네, 휴간이 공지된 후 사내에서 '젊은 편집장이 맡은 지 얼마되지도 않았는데 갑자기 휴간시키는 건 끔찍한 일 아니냐'고 생각하는 사람들이 많았어요. 또 '이전에는 없던 새로우면서 이상한 잡지이니 거기에 가능성이 있지 않겠냐'는 주장들이 나오면서 사내에서 서명 운동을 하기 시작했어요. 저는 서명 운동에 관여하지 않았어요. 휴간까지는 두 번의 발행이 남았으니 역대 최고로 잘 팔리는 호를 만들어보자 생각했죠. 물론 그동안 안 팔리다가 갑자기 잘 팔리는 건 무리라고 생각도 했지만요.
베이프BAPE 특집이었고, 그 특집이 제가 편집장이 되고 난 후 가장 많이 팔린 호였어요. 베이프 특집의 판매 보고가 사장님께 전달된

날, 직원들의 서명도 함께 전달되었다고 합니다. 사장님이 저를 호출했죠. "어떤 젊은 직원이 〈릴랙스〉를 복간해달라고 서명을 냈는데, 편집장이 지시한 것인가요?"라고 물으셨죠. "관여를 하지 않았지만 아무런 성과가 없는 상태에서 휴간을 하는 건 너무 싫어서 복간하고 싶다"고 말씀드렸어요. 그러자 사장님께서 복간을 위한 방안을 생각해서 임원진들에게 발표하라고 했죠. 사실 수지타산을 맞춰야 한다는 결론은 이미 나와 있었어요. 어떻게 설득해야 좋을지를 고민했습니다.

어떻게 설득하셨을지 매우 궁금한데요?
잡지는 여성지든 남성지든 정해진 예산이 있어요. 가령 180페이지 분량의 잡지라면 편집부원 몇 명, 광고비 얼마 등의 고정비가 이미 정해져 있어요. 이 금액의 절반도 벌지 못하면 적자가 나는 거죠. 투입되는 편집 인원을 줄여서 콤팩트하게 편집부를 구성해 운영하고 디지털 원고 입고 방식도 도입하고 싶다고 했어요. 에디터가 컴퓨터로 작성한 원고를 플로피디스크에 저장해서 입력 부서에 전달하는 방식이 비효율적인 것 같았거든요. 편집부 내에서 일정 수준까지 작업할 수 있게 디지털 시스템화된다면 아트 디렉터와 편집부와의 커뮤니케이션이 훨씬 효율적으로 진행될 수 있을 것 같았어요. 결국 2000년 2월에 복간이 결정되었고, 2004년 가을까지 5년 간 〈릴랙스〉의 편집장을 맡을 수 있었습니다.

현재는 폐간되었음에도 불구하고, 5년마다 발행되는 복간 스페셜만 봐도 〈릴랙스〉가 여전히 많은 사람들에게 사랑받고 있다고 생각해요.

〈릴랙스〉가 다뤘던 콘텐츠의 편집적인 재미는 어디로부터 나온 것일까요?
조금 이상한 표현일 텐데요, 제가 나이가 많았기 때문입니다. 〈릴랙스〉는 20대 후반에서 30대 초반의 사람들이 주축이 되어 자신들의 동년배를 타깃으로 만들었던 잡지였어요. 당시 저는 40대 중반이었으니 그들보다 나이가 많았고, 그들을 백퍼센트 알 수도 없었죠. 저에게 무언가를 제안할 때, 그들은 제가 잘 이해할 수 있도록 말해줬던 것 같아요. 그들이 재미있다고 하면 저는 터치하지 않고 다 맡겼어요.

예전에 오카모토 씨가 편집과 관련된 인터뷰에서 말씀하셨던 '편집이란 자신이 좋아하는 것을 한 명이라도 더 많은 사람들에게 소개한다는 느낌'이라고 하신 것과 비슷하네요.
'이만큼만 알면 당신은 정상에 오를 수 있다', '이걸 하면 당신은 잘생겨진다' 같은 방법이나 요행들이 중심이 되고 있는데, 그다지 좋아하지 않아요. 내가 괜찮다고 생각하는 것만 전달되면 좋겠어요. 제가 좋아하는 것을 공감해주시는 분들이 '나도 좋다'고 생각해주신다면 그것으로 충분합니다.

그렇다면 편집장의 역할은 무엇일까요?
우선 편집팀 모두가 의욕이 생길 수 있도록, 즐거운 일을 할 수 있다는 생각이 들 수 있도록 분위기를 만드는 역할이랄까요? 그리고 각 호마다 전체적인 방향성이 흐트러지지 않도록 컨트롤하는 것도 편집장의 역할이에요. 〈릴랙스〉는 편집부 인원을 많이 줄여야 했기 때문에 편집장인 저도 담당하는 페이지가 꽤 많았어요. 제 담당 페이지에서도 전체적인 방향성을 생각했죠. 그래서 제가 담당한 페이지가 콘텐츠 배열 구성에서 제일 좋은 위치에 배치되어야 한다는 생각은 하지 않았고요. 에디터들이 제작한 콘텐츠에는 자신이 좋아하는 것들을 채웠고, 각자의 개성이 담겨 있었지만 항상 같은 분위기를 느낄 수 있었어요.

이후 〈브루터스〉와 〈쿠넬〉 편집 팀에서 일하신 후, 랜드스케이프 프로덕트♠에 합류하십니다.

저는 명확한 영역이 정해져 있지만, 그 틀을 벗어나 새로운 시도를 하는 것에 큰 즐거움을 느꼈던 것 같아요. 편집 외의 분야에는 익숙하지 않았지만, 편집 능력이 책뿐만 아니라 다양한 영역에서 활용될 수 있음을 이해해주는 회사를 찾고 싶었습니다. 하지만 복잡한 결재 과정을 거쳐야 하는 회사는 피하고 싶었어요. 〈릴랙스〉에서 젊은 세대와 함께 일하며 많은 자극을 받았던 경험을 바탕으로, 제가 모르는 분야나 새로운 시각을 가진 젊은 사람들과 함께 일하고 싶었습니다. 복잡한 일을 즐겁게 처리하는 사람, 저보다 젊은 경영자, 그리고 작지만 흥미로운 일을 하는 회사를 떠올렸을 때 랜드스케이프 프로덕트의 나카하라 신이치로 씨가 가장 먼저 생각났습니다. 그래서 나카하라 씨에게 직접 제안을 했어요.

♠ 1997년 나카하라 신이치로(현재 콘란샵 재팬 대표)를 중심으로 결성된 디자인 그룹이다. 2000년 시부야구 진구마에 플래그십 스토어인 '플레이마운틴'을 오픈했다. 현재는 가구 제조 판매뿐만 아니라 주택, 사무실, 점포의 인테리어 디자인, 전시와 이벤트의 프로듀스와 디렉팅, 편집·출판, 브랜딩으로 활동 범위를 넓혀가고 있다.

'형태가 없는 것을 담당한다'는 게 본인의 업무라고 하셨어요. 처음 들었을 때 멋진 표현이라고 생각했는데요, 그 정의가 단번에 이해되지는 않았습니다.

나카하라 씨에게 부탁할 때, 제가 랜드스케이프 프로덕트(이하 랜드스케이프)에서 무슨 일을 할 수 있을지는 모르겠다는 이야기를 했어요. 나카하라 씨도 무슨 일을 해줄지 모르겠지만 함께하고 싶다고 생각했던 것 같아요. 랜드스케이프는 기본적으로 가구를 제작하고, 인테리어를 하는 회사예요. 더불어 해외에서 다른 사람들이 아직 만나지 못한 작가를 찾거나, 오래된 것들을 찾아서 전시와 판매를 하죠. 모두 '형태'와 관련된 일이라고 생각해요. 스스로 형태를 만들 수 있는 사람, 무엇이 좋은 형태인지 안목을 갖추고 좋은 것을 고를 수 있는 사람, 그런 사람들이 모인 집단이라고 생각했어요.

모두들 형태를 만들 수 있고, 혹은 선택할 수 있는 사람들이었지만 저는 그렇지 못했어요. 제가 이 팀에서 무엇을 할 수 있을까 고민했죠. 집을 짓거나 내 방을 만들 때는 그 형태를 내가 직접 결정할 수 있어요. 혹은 누군가가 만든 형태를 좋아한다면 그 사람에게 부탁해서 내 의지로 모든 것을 선택할 수 있죠. 가령 이 선반에는 이걸 장식하자고 하거나, 이곳에 이 의자를 놓자고 할 수 있죠. 이처럼 스스로 결정할 수 있는 세상은 내가 좋다고 생각하는 형태로 둘러쌀 수 있어요. 하지만 세상에는 나 혼자만 존재하는 것이 아니기에 내가 완벽하다고 생각하는 공간이 주변에 의해 망가지거나 완전히 달라질 수도 있죠. 저는 이 주변과의 관계를 어떻게 만들어갈 것인가를 고민하는 일이 랜드스케이프에서 제가 할 수 있는 역할이라고 생각했어요. 내가 선택한, 내가 살고 있는 이 공간이 나에게 정말 좋은 곳, 좋

편집 자체를 진심으로 재미있다고 느끼는 것이 가장 중요해요.
타인에게 재미있게 보이기 위해 만드는 것이 아니라
내가 정말 재미있다고 생각하는 걸
많은 사람들이 즐기면 좋겠다는 마음으로 하는 거죠.

2020년 파르코 시부야에서 진행된 〈릴랙스〉 회고전.

은 동네가 될 수 있도록 하려면 어떻게 해야 할까를 고민한다는 의미에서 '형태가 없는 것을 담당한다'고 말하게 되었어요.

지금 말씀하신 부분이 컨셉 메이킹이나 브랜딩을 담당하는 BAGN (BE A GOOD NEIGHBOR의 약자)에서의 업무와 동일하겠네요.

그렇죠. 사실 입사하고 나서 이 회사에서 무엇을 하면 좋을지, 형태가 없는 것을 어떤 형태로 만들어야 할지 막막함이 있었어요. 그러다가 "BE A GOOD NEIGHBOR"라는 말을 만나게 되었어요. '나 혼자가 아니라 이웃이, 전체가 좋아지는 것을 생각하는 것도 굉장히 중요한 일'이라고 생각해서 이 말을 하기 시작했고, 커피 스탠드 이름에도 붙이게 되었죠.

좀 더 말씀해주실 수 있을까요?

비 어 굿 네이버 커피 키오스크BE A GOOD NEIGHBOR COFFEE KIOSK 공간을 랜드스케이프가 소유하고 있었는데, 나카하라 씨가 뭔가 하고 싶은 것이 없냐고 물었어요. 커피 스탠드가 좋을 것 같다고 했어요. 나카하라 씨가 랜드스케이프에 소속되어 있어도 프리 라이터를 계속해도 좋다고 말해줘서 자주 캘리포니아에 가서 취재를 하고 〈까사 브루터스Casa BRUTUS〉에 비정기적으로 연재를 했어요. 그 무렵이 블루보틀Blue Bottle Coffee, 스텀프타운 커피Stumptown Coffee Roasters, 포 배럴Four Barrel Coffee 등 서드웨이브Third Wave 계열의 커피 브루어리들이 샌프란시스코에 생기기 시작하던 때였어요. 그곳에 모여 있는 사람들이 매장 스태프들과 교류를 하거나, 주문을 하기 위해 또는 음료를 기다리면서 손님들끼리 대화를 나누는데 그 분위기가 정말 좋았어요. 이 커피 하우스들로 인해 거리 전체를 보다 더 잘 볼 수 있게 된 거예요. 그래서 커피를 제공하는 가게가 동네의 분위기를 좋게 만드는 중요한 역할을 한다고 생각했습니다.

그리고 제가 커피 마시는 걸 좋아해요. 까다로운 커피 취향을 가진 건 아닙니다. 사무실에서 일하다 보면 카피가 떠오르지 않는 등 여러 가지로 일이 막힐 때가 있잖아요. 바깥 바람도 쐴 겸 근처에 커피 한잔하러 가면 왠지 모를 안도감이 들면서 기운 내서 작업을 계속할 수 있어요. 문장 부호의 쉼표와 같은, 동네 사람들에게 쉼표가 될 수 있는 장소가 있으면 좋겠다는 생각으로 만들었어요.

그렇다면 오카모토 씨가 진행하는 브랜드 컨셉 설정 같은 브랜딩 작업을 하실 때 어떤 부분을 중요하게 생각하세요?

브랜드가 가진 기본적인 생각이나 사상, 철학 같은 것들을 중요하게 생각해요. 그리고 이런 것들이 얼마나 지속될지를 생각하는 편이에요. 저는 에르메스Hermès를 좋아해요. 당대 가장 잘나가는 디자이너를 기용해서 유행을 선도하려고 하지 않아요. 물론 에르메스의 디자이너들은 뛰어나요. 브랜드가 중심을 잡고 유행에 쉽게 휩쓸리지 않아요. 작은 규모의 회사나 가게여도 마찬가지라고 생각해요. 거창하게 이야기한 데 비해 작은 예를 들 것 같은데요, 만약 식당을 운영하는데 매출을 높이기 위해 아침 영업을 도입했어요. 마침 요즘 사람들이 아침 일찍부터 활동하는 붐이 생겨났거든요. 6개월 정도 운영해보니 만만치가 않고, 또 뭔가 모닝붐도 식은 것 같으니 기존의 영업 시간으로 되돌리게 됩니다. 저는 이런 걸 매우 싫어해요. 아침 영업을 이용했던 사람들은 식당에 고마워했을 거예요. 물론 영업 시간을 변경한 것만으로 책임지라고 할 수는 없죠. 하지만 그 결심을 어디까지 감당할 의향이 있었을까 싶어요.

아, 정말 필요한 마음가짐인 것 같아요. 시간의 흐름으로 이야기를 하다 보니 다시 〈릴랙스〉 이야기를 해야 할 것 같습니다. 앞의 질문에서 언급했지만 〈릴랙스〉는 폐간되었음에도 5년마다 복간 스페셜이 발행됩니다. 특히 2021년 복간호는 '파르코'에서 대규모 회고전도 진행되었어요. 편집을 주제로 전시를 하신 적도 있고요. 두 전시 모두 독특하면서도 의미 있는 전시였던 것 같습니다.

〈릴랙스〉 회고전은 2020년에 파르코의 의뢰로 진행하게 되었어요. 지금이라면 회고전을 해도 괜찮을 것 같았죠. 〈릴랙스〉를 처음 접하는 사람들도 있을 것 같았거든요. 'wanna relax?'라는 타이틀로 매거진 〈릴랙스〉와 편집을 여러 가지 형태로 볼 수 있도록 구성한 전시였어요.

편집을 주제로 한 전시는 사실 〈릴랙스〉 회고전을 본 가고시마현 키리시마에 있는 미술관의 큐레이터가 자신의 미술관에서도 열고 싶다고 제안을 한 데서 시작됐어요. 같은 전시를 여러 번 반복하는 게 어려울 것 같아서 거절을 했는데, "그럼 편집을 주제로 한 전시는 어떤가요?"라며 제안을 주셔서 고민 끝에 하게 되었습니다. 그리고 이어서 도쿄 산겐자야의 갤러리에서도 키리시마에서의 전시를 하고 싶다고 제안을 주셨죠. 마찬가지로 동일한 내용으로 하는 것은 아무래도 꺼려져서 주제를 달리했어요. 키리시마에서의 전시 주제는 '즐거운 편집이란 무엇인가?'였고, 산겐자야에서는 '좋은 편집이란 무엇인가?'였어요.

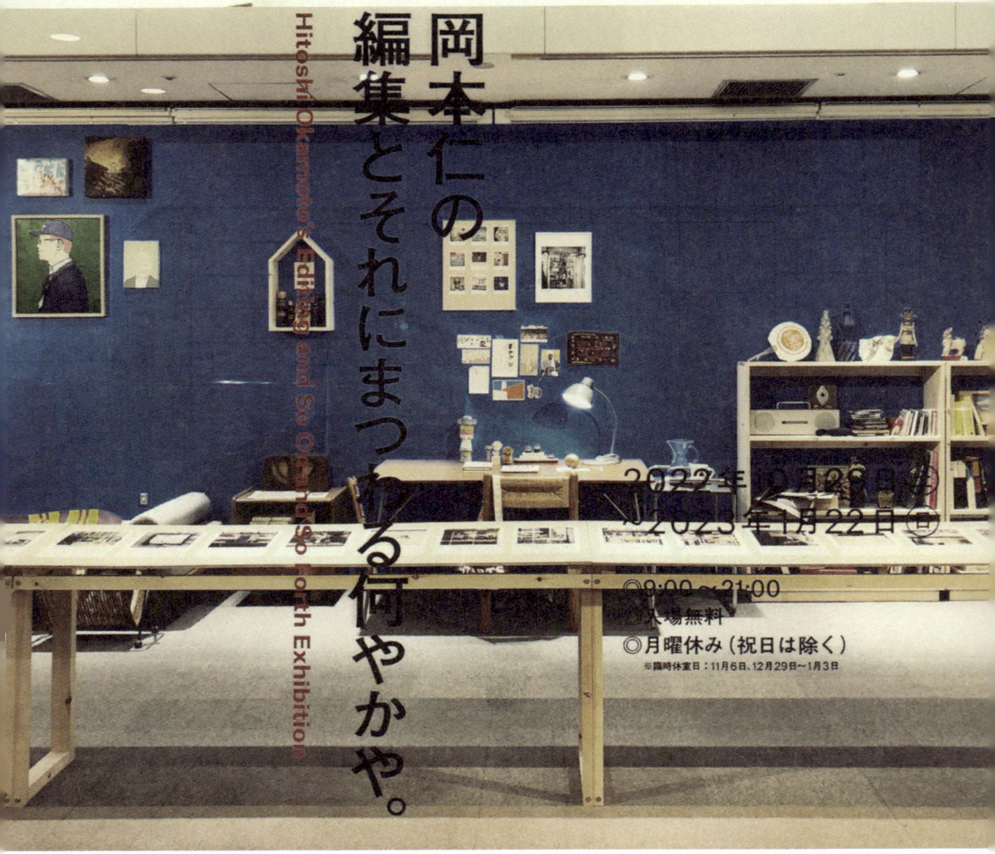
岡本仁の
編集とそれにまつわる何やかや。
Hitoshi Okamoto's Editing and So On and So Forth Exhibition
2022年10月
〜2023年1月22日㊐
◎9:00〜21:00
◎入場無料
◎月曜休み（祝日は除く）
※臨時休室日：11月6日、12月29日〜1月3日

ART FOR ALL 19

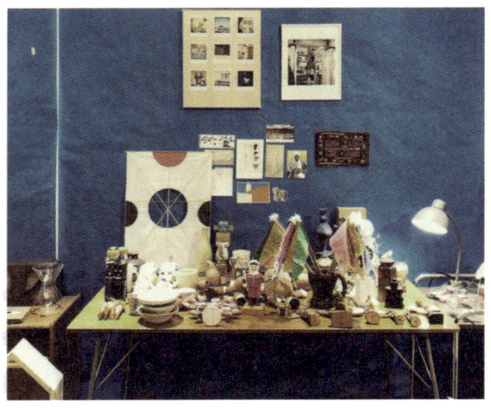

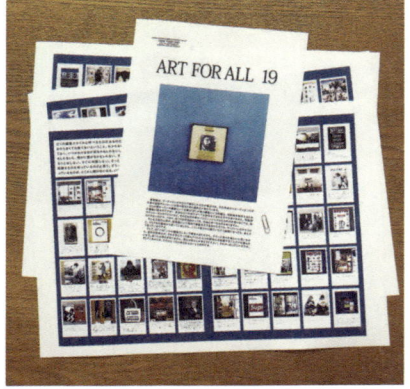

산겐자야에서 열린 전시.

저는 산겐자야에서 진행된 전시를 봤는데요, 편집자가 생각하는 편집에 관한 전시라는 게 이전에는 접해보지 못했던 경험이었습니다. 다양한 사물들을 오카모토 씨가 직접 선별하고 편집한 과정을 엿볼 수 있는 매우 인상 깊었던 전시였어요.

어쩌면 전 세계적으로도 없을 것 같아요. 가령 사진전을 한다면 작가는 자신의 재능으로 사진을 찍고, 그 사진을 통해 무언가를 표현하고, 자신의 메시지를 어떻게 하면 잘 전달할 수 있을지 고민해요. 저 같은 경우는 그게 잡지인 거예요. 그런데 잡지라는 건 제가 편집자로서 충분히 관여했다고 해도 글을 쓰는 작가나 사진을 찍는 사진가나 사진에 찍힌 것을 만든 도예가 같은 사람들이 없으면 아무것도 할 수 없어요. 그래서 편집자에게는 작품이 없어요. 형태가 없는 것을 담당하는 사람이지 물건이나 작품을 만드는 사람이 아니니까요.

처음 〈엘르 재팬〉에서 편집을 하면서 느낀 건, 단순히 어떤 호를 만들기 위해 필요한 것만 생각해서는 안 된다는 거였어요. 에디터가 지속적으로 보고 좋다고 생각했던 것들이 머릿속에서 연결되는 순간이 있거든요. 그래서 편집자의 전시라는 것은 결국 그 과정을 설명할 수밖에 없어요. 예를 들면 사진작가 혼마 타카시ホンマタカシ가 찍은 사진을 편집자인 제가 어떻게 작업해서 이런 결과물이 만들어졌는지를 전시하는 것이죠.

요즘 한국에서는 '편집'이라는 감각을 바탕으로 자신의 브랜드나 가게, 매거진을 만드는 등 다양한 시도를 하는 분들이 많아졌어요. 오카모토 씨가 생각하는 '편집의 본질'은 무엇인가요?

어려운 질문이네요. 우선 편집 자체를 진심으로 재미있다고 느끼는 것이 가장 중요해요. 타인에게 재미있게 보이기 위해 만드는 것이 아니라 내가 정말 재미있다고 생각하는 걸 많은 사람들이 즐기면 좋겠다는 마음으로 하는 거죠. 내가 A라는 것에 대해 어떤 부분을 재미있다고 생각하는지 설명하고 싶어서 하는 거예요. 이런 순서로 보여주면 어떤 기분이 들까, 어떻게 전달해야 긍정적으로 받아들일 수 있을까 등을 읽는 사람, 보는 사람의 입장에서 고민하게 되는 것 같아요.

그런 점에서 편집은 홍보와 다른 것 같기도 합니다. 홍보는 기업이 자신이 전달하고 싶은 메시지를 직접적으로 전달하는 일이에요. 가령 우리 회사의 샌드위치는 이런 재료로, 이런 요리사가, 이런 레시피로 만들었으니 절대적으로 맛있다는 것을 알리는 일이라고 생각해요. 반면에 편집은 분위기를 먼저 조성하는 것으로 시작해요. 그 다음에 여기에 이런 맛있는 샌드위치가 있다고 자연스럽게 소개를 하죠. 사람들이 홍보의 대상을 자연스럽게 받아들일 수 있도록 자리(분위기)를 만드는 일이 편집이 아닐까 생각해요.

어떤 의미에서는 홍보만으로는 유행을 만들 수 없지만, 편집이라는 형태를 통해서는 유행을 만들어낼 수 있는 것일까요?

그럴 수 있죠. 하지만 '가장 중요한 것은 스스로 생각하는 것'이라고 생각합니다. 〈릴랙스〉를 만들 때도 언제나 이 메시지를 전달하려고 했어요. '우리는 지금 이것이 좋다고 말하고 있지만, 이것을 그대로 흉내 낸 당신은 멋지지 않습니다'라는 메시지를 〈릴랙스〉 어딘가에 작게라도 넣었어요. 내가, 우리가 좋아하는 것을 제안하는 건 맞지만, 우리의 제안을 따라야만 멋진 사람이라고 말하려고 했던 게 아니었거든요.

저도 유행에 많이 휩쓸려 왔어요. 그리고 유행에 민감한 것이 결코 나쁜 건 아니에요. 하지만 좋고 나쁘고를 결정하는 주체는 유행이 아니라 나 자신이어야 해요. 무언가 좋다고 생각되는 대상을 의심해 보세요. 시류가 좋다고 하니까 무의식적으로 좋다고 생각하는 건 그 안에 자기라는 존재가 없는 게 아닐까요?

블루노트 재팬

10

일본 최고의 재즈 클럽

가게는 역시 그곳에서만
체험할 수 있는 무언가가
있어야 한다고 생각해요.

카타오카 치구사

카타오카 치구사 片岡千草

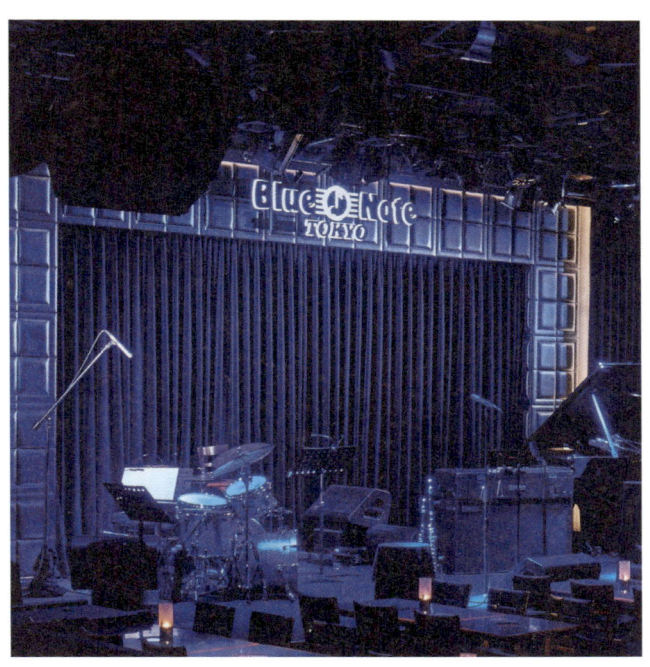

BLUE NOTE JAPAN　　　　　　블루노트 재팬

영화 〈블루 자이언트Blue Giant〉의 주요 배경 중 하나로 등장하는 재즈 클럽이 있습니다. 작품 내에서는 비록 다른 이름으로 등장하지만 재즈와 도쿄를 좋아하는 사람들에게는 그리 어렵지 않게 화면 속 공간의 모델이 '블루노트 재팬'이 운영하는 라이브 클럽인 '블루노트 도쿄BLUE NOTE TOKYO'라는 사실을 금방 알아차릴 수 있습니다. 1988년, 패션의 거리인 도쿄 미나미아오야마 한 켠에 문을 연 이 공간은 일본 및 해외의 재즈 뮤지션과 팬들에게 사랑받으면서 '도쿄를 대표하는 재즈 클럽'으로 자리매김하게 됩니다.

이처럼 음악 라이브 클럽의 이미지가 강한 공간들을 운영해온 블루노트 재팬이 최근에는 음악을 바탕으로 하는 요식업과 라이프스타일 매장이 결합된 형태의 다양한 사업들을 전개하면서 주목받고 있습니다. 서점, 도서관, 다이닝 레스토랑, 바, 카페, 레코드 가게 등 음악을 매개로 하는 다양한 형태의 라이프스타일 매장을 전개하고 있는 블루노트 재팬의 이야기를 들어봤습니다.

블루노트 재팬 홈페이지 https://bluenotejapan.jp
블루노트 도쿄 인스타그램 @bluenotetokyo

Profile

주식회사 블루노트 재팬 마케팅부의
홍보 및 PR 담당.
대학 졸업 후 대형 은행에서 기업의 외환 거래와
수출입 거래 업무에 종사했다.
이후 광고대행사에서 기획 및 영업직으로
클라이언트의 다양한 상품과
서비스의 프로모션에 참여했으며
일관된 마케팅에 직접 참여하고 싶다는 생각에
블루노트 재팬에 입사했다.

먼저 블루노트 재팬을 알고 싶습니다. 블루노트 재팬은 어떤 일을 하는 회사인가요?

블루노트 재팬은 라이브와 이벤트를 기획하고 제작, 운영하는 엔터테인먼트 사업과 음식점 사업을 큰 축으로 운영되고 있는 곳입니다. 그렇다 보니 블루노트 도쿄, 마루노우치에 있는 코튼클럽COTTON CLUB 같은 라이브 레스토랑 운영이 메인이 되고 있습니다. 저희가 운영하고 있는 라이브 레스토랑은 그렇게 많지는 않은 업태일 텐데요, 재즈를 비롯한 다양한 장르의 아티스트 라이브와 함께 술을 마시거나 식사를 즐길 수 있는 형태입니다. 라이브 레스토랑 외에도 카페 다이닝도 전개하고 있어요. 아까 말씀드린 라이브 레스토랑이 3곳, 카페 다이닝 매장이 4곳, 그리고 블루야드 BLUE YARD, 북카페 업태의 브루클린 팔러BROOKLYN PARLOR, 블루북스 카페BLUE BOOKS cafe 의 프랜차이즈 매장들까지 아우르면 12곳의 매장을 전개하고 있습니다. 예를 들면, 브루클린 팔러의 경우 신주쿠 지점은 저희 회사의 직영 매장이고, 오사카 지점은 프랜차이즈 매장으로, 지방 매장은 이처럼 프랜차이즈 형태로 저희 회사가 프로듀스를 맡고 운영은 파트너 기업이 담당하고 있습니다.

저에게 블루노트는 블루노트 도쿄나 코튼 클럽과 같은 라이브 하우스라는 인상이 강한데요, 음식점 사업을 시작하게 된 계기가 궁금합니다.

블루노트 재팬이라는 회사는 2003년에 설립되었어요. 사실 블루노트 도쿄가 먼저 설립된 것이죠. 이토 요스케 대표는 원래 패션 관련 업에 종사하고 있었어요. 여러 브랜드의 라이선스를 확보해 일본에

사실 컨셉이 정해져 있는 건 아니에요.
미학적으로나 근본적인 측면에서 보면
티를 내지 않는 걸 중요하게 여기는 것 같습니다.
고급스러운 것을 내놓을 때 허세를 담지 않아요.
가볍게 내놓지만 스마트하죠.

블루노트 도쿄.

블루노트 플레이스.

서 전개하는 사업을 하고 있었죠. 뉴욕에 갔을 때 처음으로 재즈 클럽을 경험했고, 일본에 도입하고 싶어서 시작한 것이 블루노트 재팬입니다. 독자적인 회사로 만들어지기 전까지는 패션 회사의 사업 중 하나였어요. 라이브 레스토랑이라는 공간은 음식과 뮤직 라이브가 섞여 있는 공간이기에 음식은 필수적인 요소입니다. 음악과 음식을 프로듀스하는 회사다 보니 개발 업자 등 다양한 곳에서 연락이 점점 늘어갔어요. 그래서 브랜드나 점포를 적극적으로 늘리기보다는 컨셉이나 지역(동네)과의 조화를 검토하면서 일을 전개하고 있습니다.

최근에 오픈한 블루노트 플레이스는 에비스 가든 플레이스로부터 의뢰가 있었던 건가요?
네, 맞습니다. 에비스 가든 플레이스 자체가 삿포로 부동산 개발이 운영하는 시설입니다. 마침 2022년에 전체 브랜드 리뉴얼이 있었어요. 그 일환으로 삿포로 부동산 개발에서는 에비스 거리에 문화적인 요소를 늘리고 싶어 했고, 음악과 관련해서는 저희에게 연락을 주셨습니다. 에비스 거리를 음악이 들리는 거리로 만들고 싶다는 말에 저희도 공감했고 함께하게 되었습니다.

여러 곳으로부터 제안을 받는 것이 블루노트 재팬의 강점인 듯합니다.
음악과 음식을 높은 퀄리티로 제공하는 곳은 일본에서 많지 않다고 생각해요. 라이브만 놓고 봐도 이미 수준 높은 뮤지션들이 블루노트 도쿄 말고도 많은 곳에서 공연하고 있고요. 또 굉장히 멋진 식당도 도쿄에 많이 있어요. 하지만 이 두 가지를 융합하여 운영하는 곳은 많지 않습니다. 블루노트 도쿄는 2025년에 27주년을 맞이하는데요,

매일 저녁 자체적으로 라이브 공연을 기획하고 운영하는 서비스를 제공하고 있어요. 음식과 공간 측면에서도 자체적으로 기획하고 제공하는 것이 블루노트 재팬의 차별점이자 강점이라고 생각합니다.

그렇다면 각각의 브랜드, 예를 들면 블루노트 플레이스나 브루클린 팔러 같은 곳들은 타깃을 설정하고 기획과 개발을 하시나요?
숫자상의 데이터보다는 동네의 문화나 어떤 사람들이 어떤 라이프 스타일로 지내는가에 중점을 두고 있는 편이에요. 저희의 음악이나 음식을 활용해 어떻게 하면 동네를 발전시킬 수 있을까를 고민하고 있어요.

결국 지역의 색깔이나 그 지역을 구성하는 사람들의 생활 속에서 음악과 음식으로 다양한 경험을 제공하는 것을 고민하시는 듯한데, '음악'이라는 것을 융합의 방법으로 활용하기에는 어려운 부분이 있을 것 같아요.
맞아요. 밸런스를 찾고 유지하는 일이 어려운 것 같아요. 블루노트 도쿄는 아티스트의 라이브를 보러 오는 데 1차 목적이 있고, 거기에 요리나 접객의 요소가 더해져요. 블루노트가 전개하고 제공하는 경험이 음악적 측면에서 상징적인 의미가 있지만, 한편으론 음악 없이 친구와 이야기를 나누며 식사를 즐길 목적으로 오시는 분들도 많기 때문에 저희는 너무 한 부분만을 강요하려고 하지 않습니다. 이건 운영 측면에서도 마찬가지입니다. 블루노트 도쿄가 라이브 하우스의 이미지가 굉장히 강하다 보니 저희를 음악 회사로 인식하시는 경우도 많은 것 같아요. 현재 약 300명의 직원이 있는데요, 절반 이상이 요리사나 서비스 등 음식 부문을 맡고 있는 분들입니다. 음악이라는 이미지가 강하지만, 음식으로도 어필을 하고 싶어요. 블루노트 플레이스의 경우, 음식과 라이브의 밸런스를 어떻게 조합할지에 많은 신경을 썼습니다. 그래서 저녁 영업뿐 아니라 주말은 점심 영업도 하고 있으며 저녁 시간대는 가벼운 뮤직 차지로 라이브와 식사를 즐기실 수 있습니다.

사실 저도 블루노트 플레이스에 방문할 때 공연을 보러 간다는 느낌이 있어요. 말씀처럼 매장 리셉션에서 테이블 요금을 지불하고, 입장 후 음악과 음식을 경험하면서 들었던 생각은 '블루노트 도쿄와 큰 차이가 없는데 적절한 뮤직 차지와 주문한 음식 가격으로 수준 높은 경험을 제공해도 괜찮은 걸까?'와 함께 '음악만을 즐겨야만 한다는 강제성이 없다'는 것이었습니다.

블루노트 도쿄는 오래 전부터 해외 아티스트의 라이브가 많았습니다. 뮤직 차지 측면에서도 금액이 진입 장벽으로 느껴진다는 분들도 많은 듯합니다. 하지만 코로나 기간 동안 많은 국내 아티스트들과 신예 아티스트들과의 라이브를 기획하고 진행했던 것이 새로운 기회였다고 생각합니다. 블루노트 플레이스는 장르를 재즈로 한정시키지 않고 확대해서 '폭넓은 음악 장르의 라이브 경험'을 컨셉에 포함시켰습니다. 또한 경험하셨던 것처럼 라이브가 진행되는 속에서 식사도 하고 대화도 할 수 있는, 굉장히 캐주얼 한 분위기를 만들고 싶었습니다.

블루노트 도쿄의 외관이나 내부 분위기, 그리고 공연하는 아티스트

들의 라인업을 보면 잘 차려입고 가야 할 것 같은 느낌이 들어요. 실제로 드레스코드가 있는 것이 아닌데 말이죠. 그런데 블루노트 플레이스는 그런 느낌이 없습니다. 자연스럽게 생활 속에서 음악을 느끼고 경험할 수 있는 곳이라는 생각이 들어요.

블루노트 도쿄의 묘미는 특별한 공간에서 비일상적인 체험을 맛볼 수 있다는 점이라고 생각해요. 편한 옷차림으로 와서 좋아하는 재즈 아티스트의 공연을 즐기는 분도 계시지만, 기념일이나 프로포즈 같은 특별한 날에 이용하시는 분들도 많답니다. 각자 이용 목적은 다르지만, 확실히 블루노트 도쿄는 비일상적인 경험을 제공해요. 반면 블루노트 플레이스는 개방적인 공간 구성, 상대적으로 낮은 금액 등 개방적인 시스템을 가진 것이 특징이죠. 고객이 가질 수 있는 심리적인 문턱을 낮췄다고 볼 수도 있겠지만, 고객의 범주를 넓혔다고 볼 수 있어요. 블루노트 도쿄의 세계관을 바탕에 두고, 일상에서 좀 더 고급스러우면서도 캐주얼하게 음악을 느낄 수 있는 공간을 만들고 싶었습니다. 아마 이런 부분이 두 공간의 차이점이라고 볼 수 있을 거예요.

앞으로도 블루노트 플레이스처럼 새로운 업태의 매장을 더 전개할 계획이 있나요?

여러 곳으로부터 상담은 많이 들어오고 있지만, 전체적인 회사 상황 등을 고려하면서 결정할 것 같습니다. 인연을 중시하는 기업 풍토도 있기 때문에 적극적으로 새로운 매장을 시도하는 경우는 없는 것 같아요.

코튼 클럽.

브루클린 팔러.

지금부터는 블루노트 재팬의 시작이자 큰 축인 블루노트 도쿄의 이야기를 듣고 싶습니다. 이 책을 읽는 분들도 블루노트 도쿄의 시작이 궁금하실 것 같아요.

블루노트 도쿄는 1988년 11월, 이곳 미나미아오야마에서 오픈했습니다. 초반에 말씀드린 대로 이토 대표가 도쿄에 블루노트, 즉 재즈 클럽을 하고 싶어서 도입하게 되었죠. 뉴욕 본점에서는 도쿄를 신주쿠나 시부야, 롯폰기 등 사람들이 많고 엔터테인먼트 요소가 있는 도시로 이미지화하고 있었던 것 같아요. 이토 대표는 패션 업계에 종사하고 있었기 때문에 조금은 차분하고 세련된 분위기를 가진 오모테산도나 미나미아오야마라면 라이브 레스토랑이라는 문화가 제대로 받아들여지고 뿌리를 내릴 수 있을 것이라 생각했어요. 음악이라는 형태보다는 생활, 즉 라이프스타일 속에 어우러져 있는 음악으로 브랜딩을 했다고 생각해요.

블루노트 도쿄의 컨셉과 타깃은 무엇일까요?

사실 컨셉이 명확하게 정해져 있는 건 아니에요. 미학적으로나 근본적인 측면에서 보면 티를 내지 않는 걸 중요하게 여기는 것 같습니다. 그게 라이브 공연이든, 서비스든, 음식이든. 고급스러운 것을 내놓을 때 허세를 담지 않아요. 가볍게 내놓지만 스마트하죠. 이토 대표가 그런 감각을 갖고 있어요. 무엇보다도 블루노트 도쿄의 주인공은 고객과 아티스트기 때문에 비일상적인 블루노트를 즐기러 왔을 때, 어떤 경험을 제공하면 좋을지를 항상 생각하고 있습니다.

브랜드의 평가는 제품의 품질이 중요하잖아요. 라이브 하우스라면

공연하는 아티스트의 라인업으로 볼 수 있을 것 같아요. 그런 점에서 아티스트 부킹이 상당히 중요할 것 같습니다.

맞아요. 기본적으로 블루노트 도쿄의 부킹은 저희가 자체적으로 하고 있지만, 뉴욕 본점과 연동되는 부분이 있어요. 블루노트라는 브랜드가 재즈 클럽의 발상지로 볼 수 있기 때문에 재즈를 중요하게 생각하고, 아티스트와 관객들에게 제공되는 많은 부분에서 최고의 퀄리티를 유지하려고 합니다. 실제로 블루노트 도쿄에서 라이브를 하는 아티스트들은 이곳의 사운드 퀄리티, 관객들의 분위기, 공간의 구성이나 감도 등 여러 면에서 안심하고 공연할 수 있다고 평가해주고 있어요. 그래서 매년 블루노트 도쿄에서의 공연을 기대하는 해외 아티스트들도 많습니다. 저희도 이들이 최고의 퍼포먼스를 할 수 있는 환경을 제공하려고 노력합니다. 그리고 블루노트 도쿄는 공연 스테이지와 관객 좌석이 가까운 것이 특징인데요. 관객들의 열기가 아티스트들에게도 큰 영향을 미쳐서 함께 라이브를 만들어가는 느낌이 강합니다. 이 점 역시 저희가 제공하는 블루노트 도쿄만의 차별점이라 생각해요.

블루노트 도쿄를 경험해보고 싶은 한국분들이 계실 것 같아요.

기본적으로 사전에 예약을 하셔야 합니다. 홈페이지에서 공연 스케줄을 확인하시고, 온라인을 통해 예매가 가능합니다. 당일에도 전화를 통한 예약도 가능합니다. 아까도 말씀드렸지만 드레스 코드는 전혀 없어요. 원하시는 아티스트의 공연을 즐기시고, 블루노트 도쿄라는 공간도 경험하며 즐겨보세요. 아티스트는 하루 두 번씩 공연을 하기 때문에 1부를 선택하셨다면, 주변 아오야마나 오모테산도에서 쇼핑을 즐긴 후 라이브 공연을 보면서 식사를 하시는 게 좋을 것 같아요. 두 번째 공연은 조금 늦게 시작하는데요, 아티스트의 곡이나 아티스트를 이미지화한 오리지널 칵테일도 제공하기 때문에 그런 서비스들을 즐기면서 체험하는 것도 기억에 남으실 것 같습니다.

아티스트 칵테일은 무엇일까요?
칵테일은 현장에 있는 바텐더가 직접 만들어주는데요, 종류가 상당히 다양해서 아티스트가 좋아하는 술의 종류나 특징을 말하면 커스텀으로 제조하기도 하고요. 아티스트의 앨범이나 라이브, 성격 등의 이미지를 보고 상상해서 만드는 경우도 많아요. 또 사전에 저희가 미리 구상해서 칵테일을 만들고 아티스트들이 시음하여 이름을 지어주는 경우도 있고요. 기본적으로 아티스트와 작품에 대한 정보나 역사, 그들의 삶에 대한 애정이 없다면 좋은 결과물이 나오기 어렵습니다. 블루노트 도쿄의 바텐더를 비롯한 직원들은 재즈나 음악을 좋아하거나 직접 악기를 연주하는 사람들이 모여 있어서 라이브에 대한 관심과 아티스트에 대한 존경심 등이 확고해서 좋은 결과물로 나올 수 있는 것 같아요.

기억에 남는 고객과의 에피소드 같은 것이 있을까요?
아무래도 고객들과 가까이 만나는 홀 직원분들로부터 이야기를 듣게 되는데요, 서프라이즈로 프로포즈를 하고 싶다고 상담을 하시는 분들도 있고, 스태프의 도움으로 성공했다며 다시 방문해주시는 분들도 많이 계세요. 고객과의 에피소드는 아니지만, 저희는 아티스트들의 리허설을 보면서 그날의 분위기도 달라지게 되는 것 같아요.

아티스트의 무대 전과 후의 변화하는 모습을 보면 정말 존경심이 듭니다. 재즈 아티스트들 가운데는 고령인 분들도 많이 계신데요, 공연을 하기 위해 멀리서부터 오시는 걸 보면 대단하다고 느껴요. 그리고 돌아가신 분들도 많은데, 그런 전설적인 분들과 함께 일했다는 것이 자랑스럽습니다.

브랜드나 가게를 운영하면서 가장 힘들었던 점과 어떻게 극복했느냐가 이 책에 등장하는 공통 질문인데요, 라이브 공연장과 외식 사업을 하시기 때문에 코로나 때 특히 더 힘들었을 것 같아요.
맞아요. 당시에는 음식점과 라이브 공연 모두 부정적인 분위기였으니까요. 일시적으로 가게를 닫은 기간도 있고, 라이브가 어려운 기간도 있었기 때문에 매출 입장에서 당연히 힘들었습니다. 하지만 많은 직원들이 요리사, 서비스 등 실제 현장에서 고객을 대하거나 제공하는 일을 하기 때문에 갑자기 하던 일이 멈춰진 것에 대해 모두 우울해지는 시기가 있었어요. 저희는 대규모의 자본을 가진 회사가 아니기 때문에 현재 할 수 있는 일을 하자고 했죠. 매년 4월 30일은 국제 재즈의 날이고, 이때 칸다아와지쵸의 와테라스 광장에서 재즈 페스티벌이 열리는데 그걸 할 수가 없었죠. 대신 온라인 페스티벌로 진행했어요. 해외 아티스트들에게 연락해서 온라인으로 진행하게 되었습니다. NHK 방송국에서도 소개해주고 야노 아키코矢野顕子 등 많은 아티스트들이 협조해주셨어요. 지금 돌이켜보면 안 좋은 일만 있었던 것 같지는 않아요.

'미국 재즈맨은 일본과 유럽이 아니면 밥을 못 먹는다'는 말이 있을

블루노트 도쿄 내 바 백야드.

정도로 유럽과 일본은 재즈 시장 규모 측면에서 중요한 포인트인데요. 블루노트 도쿄는 아마도 일본뿐 아니라 아시아에서도 상당히 중요한 존재일 거라 생각합니다. 그렇다면 앞으로의 블루노트 도쿄에는 어떤 목표가 있을까요?

모든 것이 아티스트와 고객들과 함께 가게를 운영해온 결과라고 생각해요. 얼마 전 그래픽 디자이너 사토 타쿠佐藤卓씨에게 35주년 기념 로고 제작을 부탁드렸는데요, 그때 사토 씨께서 '블루노트 도쿄 같은 곳은 인생이 바뀔 것 같은 경험을 할 수 있는 공간이기 때문에 앞으로 50년, 100년 가까이 계속되면 좋겠다'고 말씀해주셨어요. 블루노트 도쿄는 일하는 저희나 아티스트들만의 것이 아니라 손님들에게 특별한 장소로 계속 있기 위해서 계속 이어 나가야 한다는 생각입니다. 그리고 오래 지속되기 위해서는 조금씩 튜닝을 하면서 변화해야 해요. 음악적으로도 재즈라는 음악을 확장시키고, 다양한 장르도 소개하면서 자연스럽게 진화해 나가고 싶고요. 음식, 공간, 접객 모두 충실하게 튜닝하며 조금 더 발전하고 싶습니다.

그럼 이제 블루노트 재팬의 직원이신 카타오카 씨 개인에 대한 질문인데요, 블루노트 재팬에서 일하게 된 계기는 무엇인가요?

전 직장은 광고 대행사였고 기획이나 프로젝트 진행을 담당했었습니다. 다양한 업종을 경험하는 것이 즐거웠지만, 프로모션은 마케팅의 일부분이다 보니 서비스든 상품이든 시작부터 끝까지 모든 과정을 직접 해보고 싶다는 생각과 브랜드를 직접 키워보고 싶다는 생각이 있었어요. 음식과 음악을 좋아하다 보니 블루노트 재팬에 입사하게 되었습니다. 다양한 분야의 전문가들이 있는 만큼 개성도 다양해서 제작 과정에서 저에게 주어지는 챌린지가 컸던 것 같아요. 한 가지 일만 하기보다는 관여할 수 있는 부분이 굉장히 많아졌죠. 그만큼 어려움도 있지만, 제가 잘할 수 있는 부분을 십분 발휘해 여러 가지 일을 할 수 있다는 점이 재미있습니다.

카타오카 씨가 생각하는 좋은 가게와 브랜드가 무엇인지 궁금합니다.
블루노트 재팬에서 일하고 있고, 제가 관여하고 있는 매장이 많다 보니 '진짜'를 체험할 수 있다는 점이 좋은 것 같아요. 퀄리티 높은 서비스와 라이브를 직접 경험하고 있는 거죠. 가게는 역시 그곳에서만 체험할 수 있는 무언가가 있어야 한다고 생각해요. 독자적인 강점을 가진 브랜드나 가게는 손님들에게도 사랑받고 살아남을 수 있는 것 같아요.

11

이채로움이라는
새로운 문화를 창출하다

지적 장애가 있는 사람이
'장애가 있어 불쌍하다',
'무언가가 결여되어 있다'는 편견에
구애받지 않고 살아갈 수 있는 사회.
그것이 헤라르보니가 목표로
하는 지향점입니다.

박리나   朴里奈

HERALBONY   헤라르보니

'라우드 마이너리티Loud Minority'라는 표현을 좋아합니다. 사회의 통념과 편견으로 인해 가치가 평가 절하된 주변의 소외된 존재들이 세상을 향해 커다란 목소리를 내고, 이에 동조하는 동료들을 만들어가면서 하나의 문화를 바꿔나가는 일련의 과정이 주는 울림을 몸소 느끼는 것도 좋아합니다.

최근 일본에서 주목할 만한 활약을 보여주고 있는 헤라르보니 HERALBONY는 바로 지금 시대의 '라우드 마이너리티'의 울림을 느낄 수 있는 브랜드입니다. 장애를 지닌 주인공들이 세상에 내놓는 예술 작품을 단순한 복지의 관점이 아닌 하나의 새로운 매력을 지닌 콘텐츠 그 자체로 바라보고 다양한 기업 및 기관과의 협업을 통해 가치를 창출하고 있는 스타트업 기업. 세계의 유망한 스타트업 기업을 발굴 지원하는 'LVMH 이노베이션 어워드 2024'에서 일본 기업으로는 첫 수상자가 되기도 했습니다.

현재는 일본뿐 아니라 프랑스 파리를 거점으로 세계를 향해 자신의 가치관을 펼치면서 앞으로의 행보가 더욱 기대되는 헤라르보니의 브랜드 스토리를 들어봤습니다.

홈페이지 https://www.heralbony.jp
인스타그램 @heralbony

Profile

1991년 일본에서 나고 자란 재일교포 4세.
신규 졸업 채용으로 셀렉트숍 빔스BEAMS에
입사해서 홍보 및 글로벌 얼라이언스 등
다양한 부서를 경험했다.
2023년 4월 헤라르보니에 입사하여
현재는 리테일 사업부에서
브랜딩 프로듀서를 담당하고 있다.

안녕하세요. 간단한 본인 소개와 경력 소개를 부탁드립니다.

안녕하세요, 박리나입니다. 저는 1991년 일본에서 태어나고 자란 재일교포 4세예요. 대학 졸업 후 9년간 셀렉트숍 빔스에서 근무했습니다. 이후 스타트업 기업인 주식회사 헤라르보니에 합류하여 1년 차에는 BtoB 플래너로서 기업과의 협업을 기획했고, 2년 차인 현재는 리테일 사업부에서 브랜드와의 협업을 담당하는 브랜드 프로듀서로 일하고 있습니다.

헤라르보니는 팀 조직에 얽매이지 않고 자유롭게 활동할 수 있는 환경을 제공하기 때문에 기존에 쌓아온 관계를 적극적으로 활용하며 '헤라르보니를 하나의 문화'로 만드는 일에 전념하고 있습니다. 입사 계기는 이전 직장에서 프로듀싱했던 'SELF LOVE FES'였어요. '나 자신을 사랑하는 것'을 주제로 이벤트를 기획하며, '진정으로 소중하게 여기고 싶은 것은 무엇일까?'라는 질문을 스스로에게 던지게 되었던 것 같아요. 회사나 사회의 규모가 커질수록 자신의 신념을 지키는 것이 어렵다고 느꼈거든요. 그렇기에 보고, 듣고, 느끼는 경험을 더욱 중요하게 생각하게 되었습니다. '생각보다 느낌을 소중히 하자'는 마음으로 헤라르보니에 합류했습니다. 제 마음 한편에는 '소수자를 위한 일을 평생 하고 싶다'는 생각이 자리 잡고 있었어요. 하지만 혼자서는 실현하기 어렵다는 것을 알았고, 그러던 중 헤라르보니를 만나게 되었습니다. 이 만남은 우연이 아닌 필연이라고 생각해요.

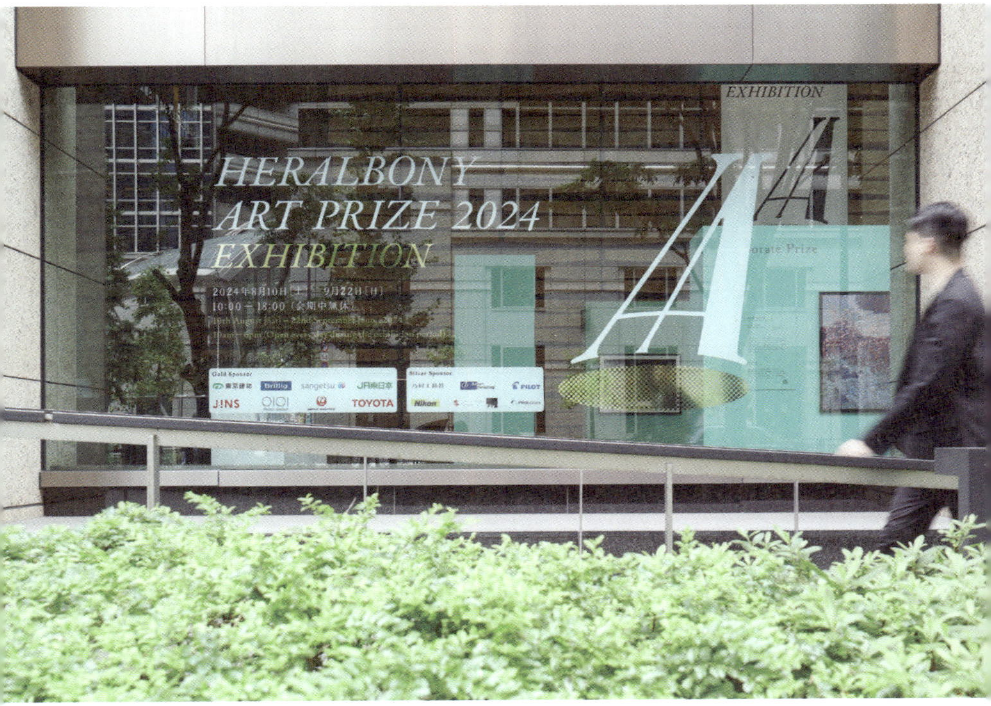
EXHIBITION
HERALBONY
ART PRIZE 2024
EXHIBITION
Gold Sponsor
Silver Sponsor
sangetsu
TOYOTA
PILOT
Nikon

Grand Prize
グランプリ

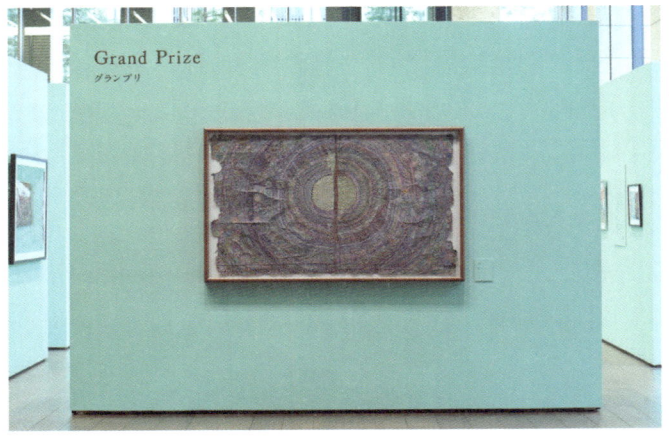

헤라르보니는 어떤 회사인가요?

헤라르보니는 '이채異彩◆로움을 발산하자'는 것을 목표로 장애의 이미지를 바꾸고 복지를 기점으로 새로운 문화 창출을 목표로 하는 크리에이티브 회사입니다. 장애를 지닌 작가가 그리는 2,000점 이상의 미술 작품을 IP라이선스로 관리하고 정당한 로열티를 지불하는 것으로 지속 가능한 비즈니스 모델을 구축하고 있습니다. 작품 데이터를 기반으로 아트와 의류를 비롯한 상품을 발매하고 있으며, 최근에는 디즈니, 일본항공JAL, 도쿄역과의 콜라보로도 화제가 되었습니다.

라이프스타일 브랜드 '헤라르보니' 운영을 시작으로 기업과의 협업과 크리에이티브를 통한 기획, 프로듀스, 사원 연수 프로그램을 제공하는 것 외에 국제 미술 시상식 '헤라르보니 아트 프라이즈HERALBONY Art Prize' 주최 등 미술을 중심으로 다각적인 사업을 전개하고 있습니다. 2024년 9월부터는 해외 첫 자회사로 프랑스 파리에 '헤라르보니 유럽HERALBONY EUROPE'을 설립했어요. 또, 1월 31일을 '이채로움의 날'로 제정하고 소셜 액션을 실시하고 있고요. 2022년 1월 31일에는 헤라르보니로서는 처음으로 세계적인 규모의 아트 컴페티션을 발표했고, 같은 해 도쿄에서는 수상 작품의 전시도 개최했어요.

헤라르보니의 시작이 궁금해지는데요?

헤라르보니는 쌍둥이 형제인 마츠다 타카야松田崇弥와 마츠다 후미토松田文登가 대표로 있는 회사입니다. 이들의 형인 마츠다 쇼타松田

◆ 보통과 다른 색다른 빛깔.

翔太 씨에게 심한 지적 장애를 수반하는 자폐증이 있었던 것이 창업의 계기가 되었습니다. 쇼타 씨는 집에서는 즐겁게 지냈지만, 한 걸음 밖으로 나가면 '장애인'이라는 틀에서 갇혀 살고 있었어요. 어렸을 때, 학교에서 반 친구들에게 놀림을 받는 일도 있었고요. 친척 아저씨로부터 "너희 쌍둥이는 형 몫까지 열심히 살아야 한다"라는 말을 들은 적도 있었다고 합니다. 쇼타 씨도 웃거나 울거나 기뻐하거나 슬퍼하는 등 우리와 같은 감정을 지니고 있지만, 세상에서는 '불쌍하다'는 편견이 적용되었죠. 쌍둥이 형제가 어렸을 때부터 느꼈던 좋지 않은 감정을 풀어나가는 것이 회사와 브랜드의 원동력이 되고 있습니다.

두 대표는 작은 마을에서 자랐기 때문에 어릴 때부터 '차이'가 쉽게 부각될 수밖에 없었습니다. 특히 지역의 동급생들 중에는 장애가 있는 사람을 놀리는 아이들이 많았고, 그들은 그런 태도가 몹시 싫었습니다. 동시에 자기들도 소외되지 않기 위해서 같이 놀릴 수밖에 없었어요. 그들의 비위를 맞췄던 것 또한 사실이었습니다. 그래서 자연스럽게 마음속에 한 가지 질문이 자리 잡았죠. '과거에 미숙한 자신이나 동네 친구들이 솔직하게 '멋있다!'라고 생각하는 것은 과연 무엇일까?' 하지만 복지와 미술을 결합하는 것만으로는 지역 아이들에게 영향을 줄 수 없었습니다. 복지는 원래부터 인기 있는 분야가 아니었고, 미술 또한 지역에서 그림을 사는 사람이 거의 없었기 때문입니다. 그러나 자신을 포함한 동네 친구들은 '루이비통 지갑'이나 '렉서스 자동차'처럼 유명 브랜드에는 강한 동경을 보였습니다. 즉, 브랜드에 반응하는 것이었죠. 이러한 점에 착안해 두 대표는 '그렇다면 브랜드라는 큰 우산 아래 복지와 미술을 녹여낼 수 있

2024.7.2 [Tue] – 7.15 [Mon]
愛と
Love and Dedication
公益
to the Common Good
が目指した世界
HERALBONY

지 않을까?'라고 생각했습니다. 브랜드의 형태로 접근하면, 지역의 동급생들도 장애가 있는 사람들이 만들어낸 예술을 자연스럽게 받아들이고 매력을 느낄 가능성이 높아질 테니까요. 그렇게 태어난 게 '헤라르보니'라는 브랜드였어요. '장애'라는 표식에 얽매이지 않고 쇼타 씨와 같은 분들의 세계를 조금 더 자유롭게 펼치고 싶다는 이 마음이야말로 브랜드의 원동력이 되고 있습니다.

헤라르보니는 2018년에 창업되었습니다. 그 원점에는 앞서 소개한 두 대표가 품고 있던 강한 마음이 있었습니다. 바로 '자폐증을 가진 형을 향한 차가운 시선을 바꾸고 싶다'는 간절한 바람이었죠. 그 계기는 2015년 여름, 타카야 씨가 본가에 내려갔을 때 찾아왔습니다. 그의 어머니 타에코 씨가 이끌어 방문한 곳은 이와테현 하나마키시에 위치한 '룬비니 미술관るんびにぃ美術館'이었습니다.

그날 타카야 씨가 마주한 작품들은 지금까지 어떤 미술관이나 갤러리에서도 본 적이 없는 것들이었습니다. 스테인드글라스를 연상시키는 화려한 기하학적 무늬, 볼펜 자국이 남을 정도로 집요하게 여러 번 덧칠한 검은 동그라미, 무작위로 보이지만 숫자와 글자가 숨어 있는 그림들. "이렇게 놀라운 세계가 바로 가까이에 있었는데, 왜 지금까지 몰랐을까?" 그의 마음은 충격과 감동으로 요동쳤습니다. 그리고 결심했습니다. "이것을 우리 지역의 상징으로 세상에 알려야만 해". 미술관을 나오자마자 타카야 씨는 곧바로 후미토 씨에게 전화를 걸었습니다. "여기, 완전 대박이야!" 이 한마디가 바로 헤라르보니 탄생의 첫걸음이 되었습니다.

헤라르보니는 어떤 뜻을 갖고 있나요? 본 적이 없는 단어여서요.
두 대표의 네 살 위 형이자 지적 장애를 지니고 있는 쇼타 씨가 일곱 살 무렵에 노트에 적은 수수께끼 같은 단어인데요, 쇼타 씨에게 뜻을 물었을 때 자신도 모르겠다고 합니다. 회사명과 브랜드명으로 헤라르보니를 사용하기로 했고, '얼핏 보면 의미가 없다고 생각되는 것들을 세상에 새로운 가치로 창출하고 싶다'는 의미를 담고 있어요.

헤라르보니의 특징이나 컨셉은 무엇일까요?
헤라르보니는 일반적인 시각으로 보자면 '미술을 다루는 회사'로 생각할 수 있지만, 미술은 어디까지나 하나의 수단입니다. 헤라르보니가 정말로 목표로 하고 있는 것은 세상이 갖고 있는 '장애'에 대한 이미지를 바꾸어가는 거예요. 지적 장애가 있는 사람이 '장애가 있어 불쌍하다', '무언가가 결여되어 있다'는 편견에 구애받지 않고 살아갈 수 있는 사회. 그것이 헤라르보니가 목표로 하는 지향점입니다.

타깃은 어떻게 되나요?
헤라르보니는 사회에 위화감을 느끼고 뭔가를 바꿔가려고 하는 사람들을 향하고 있는 브랜드입니다. 저희의 아이덴티티는 단순한 '아트 브랜드'를 넘어 소수자 문화로부터 탄생하는 새로운 카운터 컬처를 형태로 만드는 데 있습니다. 이러한 사상에 공감하기 쉬운 분들은 사회성이나 기업의 존재 방식이라는 의식을 지닌 30~40대 계층이에요. 헤라르보니의 철학에 공감하고 단순한 소비가 아닌 '의의가 있는 선택'으로서 브랜드를 지지하는 사람들이 저희의 메인 고객입니다.

헤라르보니의 방향성이 궁금한데요?
쌍둥이 두 대표가 가장 먼저 마음에 품고 그린 풍경은 헤라르보니 창업 6년 전으로 거슬러 올라갑니다. 지적 장애를 동반한 자폐증 형 쇼타 씨가 행복하게 사회와 연결되는 세상. 장애를 가진 분들에 대한 복지가 진정한 의미에서 전진해가는 세계입니다. '헤라르보니의 규모가 커질수록 세상이 좋아지고 있구나'라고 모두가 확신할 수 있는 사업을 지향하고 있어요.

헤라르보니는 오프라인 매장이나 작품 전시, 자사 또는 기업과의 콜라보 팝업 등을 통해 고객과 만나는 것으로 알고 있습니다. 기억에 남는 에피소드가 있으실까요?
팝업 기간 중 고객을 만나거나 소셜미디어에서 가끔 '사실 우리 아이도 지적 장애가 있어 밝은 미래가 보이지 않았지만, 헤라르보니를 알고 미래에 희망을 가질 수 있었다'라는 메시지를 받은 적이 있어요. 이러한 목소리(메시지)를 통해 헤라르보니라는 존재가 자신들의 이야기를 할 수 있는 장소를 제공하고, 자기 고백의 자리를 지원하고 있다는 것을 느끼게 됩니다. 저희가 많은 사람들의 수많은 꿈을 싣고 달리고 있는 것이라는 생각을 할 때면, 일에 있어서도 큰 동기부여가 되기도 해요.

브랜드에 소속되어 활동하시면서 가장 좋았던 점이 있으세요?
첫 번째로 '훌륭하네', '멋있네'라고 말씀해주시는 것, 다음으로는 '장애를 지닌 사람이 그린 것이라고는 생각되지 않는다'며 놀라시는 일이에요. 대부분의 분들이 헤라르보니를 알게 되는 계기는 거의 다 제품을 통해서입니다. '이채로움을 발산하는' 제품을 소개하는 것만으로도 그리고 그것을 선택해서 애용하는 것만으로도, 왠지 모르게 자부심이 느껴지곤 해요. 헤라르보니와 관련된 모든 사람이 사회공동체에 긍정적인 임팩트를 만들어가는 '행복감'을 피부로 실감할 수 있는 특별한 경험이라고 생각합니다.

어려운 점도 있으셨을 것 같아요.
고생이나 위기 상황을 겪은 건 아니지만, 다른 회사나 브랜드와는 확실히 다른 점이 있어요. 그건 바로 자신의 작품에 대해 설명할 수 있는 작가가 드물다는 거예요. 작품에 대해 다양한 해석을 할 수는 있지만, 저희는 '작가의 뜻'을 매우 중요하게 생각합니다. 설령 매출을 기대할 수 있는 내용이라고 하더라도 헤라르보니로서 해야 할 의의가 있는지를 항상 신중하게 생각하고, 그때그때 최선의 선택을 하고 있어요.

헤라르보니는 앞으로 어떤 계획을 갖고 있나요?
2025년 3월, 도쿄 긴자에 헤라르보니의 첫 매장 겸 갤러리인 '헤라르보니 래버러토리 긴자 HERALBONY LABORATORY GINZA'가 문을 열었어요. 이곳은 헤라르보니와 계약한 작가들이 비정기적으로 방문하여 아틀리에로 활용할 수 있는 공간으로, 작품이 탄생하는 과정을 직접 체험할 수 있도록 꾸몄습니다. 또한, 본사가 위치한 이와테현 모리오카시에서는 기존 카와토쿠 백화점의 매장이 '이사이 파크 SAI PARK'로 새롭게 단장하여 매장 안에 카페를 마련했어요. 이를 통해 미술을 체험하고 공유하는 개방적인 공간으로 진화하고 있습니다.

헤라르보니는 단순한 브랜드를 넘어 문화를 확장해나가는 것을 목표로, 세계에 새로운 가치를 전파하고자 합니다. 특히 소수자로부터 탄생하는 독창적인 가치를 사회에 알리는 데 힘쓸 것입니다. 긴자와 모리오카의 새로운 공간은 사람들과 예술이 교차하는 중심지가 되어, 헤라르보니의 비전을 실현하는 데 중요한 역할을 하게 될 거예요.

헤라르보니 철학과 운영이 한국에서도 흔히 볼 수 있는 사례는 아니라서 이 책을 읽는 분들도 새로운 정보나 영감을 주고 있을 것 같습니다. 이 책을 읽는 분들께 전하고 싶은 메시지가 있으실까요?
"일반적이지 않은 것은 가능성이다". 헤라르보니가 내세우는 중요한 캐치프레이즈 중 하나입니다. 예를 들어 지적 장애나 자폐증이 있는 분들 중에는 손뼉을 계속 마주치거나, 몸을 반복적으로 흔들거나, 같은 말을 반복해서 외치는 등 상동행동을 하는 경우가 많아요. 그런데 바로 이런 상동행동 때문에 그들만의 감정이 전해지는 예술 세계가 만들어지고 작품이 탄생합니다. 사실 그 사람의 장애와 관계없이 그 사람이 지닌 '다름' 그 자체를 존중하는 것은 누구나 할 수 있는 일이에요. 한마디로 차이나 장애 같은 것이 아니라 '이채'라고 보는 것에 따라 다르게 보일 수 있다고 생각합니다. 브랜드를 통해 미술이라는 존경이 생기는 세계와 장애를 지닌 사람들의 만남을 많이 만들어나감으로써 장애의 이미지를 바꿔가고 싶습니다.

아마도 이 책을 읽는 분들이 예상하실 것 같은데요, 앞으로의 헤라르보니 목표가 무엇일까요?
'장애'의 기존 이미지를 바꾸고, 80억 명이 각자의 이채를 지닌 그대로의 삶을 살아갈 수 있는 사회를 실현하고자 합니다.

한국에서도 개인 규모로 가게나 브랜드를 만들거나 기업의 브랜드 브랜딩이나 마케팅을 담당하는 일을 목표로 하고 있는 젊은 사람들이 많습니다. 그들에게 전하고 싶은 메시지가 있으시다면, 부탁드리겠습니다.

정보가 넘쳐나는 시대 속에서 '자신이 바탕이 되는 체험'이라는 '원체험原体験'이 중요한 힘을 가진다는 것을 실감하고 있습니다. 특히 쌍둥이 두 대표의 체험은 기업을 만드는 계기가 될 정도로 큰 영향을 미치고 있어요. 헤라르보니에 입사 후 장애 당사자의 가족들과 나눈 이야기와 복지시설 분들과의 대화, 그리고 작가와의 교류를 통해 하나의 체험으로 연결되는 과정을 경험했어요.

브랜드를 만든다는 일은 '멋진 물건을 파는 것'만이 아니라 '그 브랜드를 만드는 이유에 공감해주는 사람을 늘리는 일'이기도 합니다. 실제로 제가 느꼈던 '이건 사명일지도 모르겠다'는 에너지에 이끌려서 어느샌가 함께 움직여주고 있는 동료가 늘어났어요. 그래서 앞으로 브랜드를 만들고 싶은 분들에게 전하고 싶은 질문은, '여러분 자신의 원체험은 무엇인가요?'라는 거예요. 뭔가 특별히 극적인 에피소드가 아니어도 괜찮아요. 자신이 진심으로 '이거 중요하구나'라고 생각할 수 있는 것을 제대로 찾아내는 일. 그것이 브랜드를 강하게 만드는 가장 큰 에너지가 되지 않을까 생각합니다.

다름에 관한 이야기를 자유롭게 해주시면 감사하겠습니다.

저는 일본에서 태어나 일본에서 자란 재일교포 4세입니다. 부모님

"일반적이지 않은 것은 가능성이다".
헤라르보니가 내세우고 있는 중요한 캐치프레이즈 중 하나입니다.

의 교육 방침에 따라 한국 학교가 아닌 대학까지 일본 학교를 다녔어요. 철이 들었을 때부터 '주변 사람들과 이름이 다르다', '명절을 보내는 방식이 다르다'처럼 '다르다'에 민감한 아이였습니다. 일본에 살고 일본어를 쓰지만, 일본인이 아닌 일이 콤플렉스로 느껴졌어요. 하지만 천천히 시간을 들여 정체성을 찾아왔습니다. 그런데 제가 한국인임을 자랑스럽게 느끼던 시기에 어머니와 단둘이 처음 방문한 한국에서 차별을 경험했어요. 그때 어디를 가더라도 스스로가 투명인간처럼 느껴져서 굉장히 우울했습니다. 그러나 재작년 도쿄다반사의 행사로 한국을 다시 방문했고 제 경험을 공유할 기회가 있었는데, '재일동포'라는 말을 처음 들었다는 분이나 '당신과 같은 존재를 더 빨리 알고 싶었다'는 긍정적인 말씀을 많이 해주셔서 어렸을 때부터 안고 있던 트라우마가 사그라졌어요.
처음으로 자신의 정체성의 일부인 한국으로부터 환영받은 기분이었습니다. 있는 그대로의 나를 받아들이는 경험을 처음으로 한국에서 할 수 있었어요. 특히 서울은 제 마음속 OS를 업데이트해주는 소중한 곳입니다. 일본에서 비행기로 2시간이면 부담 없이 갈 수 있지만, 저는 인생의 중요한 포인트를 마주했을 때 찾는 것을 좋아해요. 장래에는 일본과 한국의 이채로운 작가들을 아트로 연결해주는 일에 종사하고 싶습니다.

평소 생각하시는 '좋은 브랜드', 그리고 '오래갈 수 있는 브랜드'에 대해 여쭤보고 싶습니다.
저는 '뜻'과 '사랑'이 있는 브랜드야말로 그런 조건을 갖추고 있다고 생각합니다.

12

진정한 혼자만의 옷을
만드는 브랜드

> 본질적으로 패션은 타인에게
> 자신을 표현하고, 자기주장을
> 전하는 방식이라고 생각하고 있어요.
> 다른 사람에게 보여지는 것이
> 전제이자 묘미죠.
> 이걸 저희는 '패션 커뮤니케이션'이라고
> 불러요.

토비타 마사히로 & 오카다 치히로

토비타 마사히로 & 오카다 치히노　　飛田正浩 & 岡田知緋乃

PAMM　　　　　　　　　　　　　　　　　　팜

아직 여름의 잔향이 남아 있는 9월, 시부야 파르코 백화점의 고층에 위치한 야외 이벤트 공간 콤뮤네ComMune는 날씨만큼이나 뜨거운 축제 분위기로 가득 차 있었습니다. 최근 일본 젊은 세대에게 큰 지지를 받고 있는 홈웨어 브랜드 '팜PAMM'의 파르코 매장 오픈 1주년 기념 이벤트가 열리고 있었거든요. 패션을 시작으로 음악, 미술, 책, 음식, 타투에 이르기까지 그 공간에는 성별과 나이, 국적을 넘어서 '자신을 사랑하는 사람들'이 저마다의 가치관을 공유하는 풍경이 펼쳐졌습니다. 그 풍경을 바라보며 이들이 이렇게 함께할 수 있는 원동력이 무엇일까 생각했습니다.

'팜'은 EC 사이트와 D2C 브랜드 등을 통해 MZ세대에게 사랑을 받고 있으며, 다수의 의류 브랜드를 전개하는 유토리yutori와 마치 공예처럼 오랜 시간 동안 자신의 예술적인 표현을 다양한 분야로 확장하고 있는 스포큰 워드 프로젝트spoken word project가 함께 만들어낸 홈웨어 브랜드입니다. 얼핏 보면 공통점이 없어 보이는 이 두 기업은 서로의 부족한 부분들을 보완하면서 하나의 가치관을 세상에 발산하고 있습니다. 지금의 젊은 세대에게 어필할 수 있는, 그리고 미래를 향해 지속할 수 있는 브랜드 이야기를 들어봤습니다.

홈페이지 https://pammpamm.store
인스타그램 @pammofficial

Profile

토비타 마사히로
패션브랜드 '스포큰 워드 프로젝트' 운영.
타마미술대학교 염직디자인과 재학 시절부터
다양한 표현 활동을 진행했다.
1998년 도쿄 컬렉션에 첫 참가 후 수작업을
활용한 염색과 프린트 작업을 한 의류 제작에
정평이 났다. 현재는 홈웨어 브랜드 '팜'의
디자인을 담당하고 있다. 예술제 참가 등을
비롯해 다양한 분야에서 활동하며,
단순히 의류 브랜드의 틀을 넘어선
활약을 이어가고 있다.

오카다 치히노
주식회사 유토리의 브랜드인 팜의 프로듀서.
1996년 아타미시에서 태어났다.
2020년 주식회사 유토리에 입사했으며,
입사 6개월 후 '팜'을 리브랜딩했다.
2023년에는 시부야 파르코 백화점에
첫 오프라인 매장을 오픈한다.
현재, 언더웨어 브랜드 'HEAP'의 프로듀스도
담당하면서 두 브랜드의 기획과 운영을 맡고 있다.

간단한 자기소개와 지금까지의 경력 소개를 부탁드립니다.

토비타 마사히로(이하, 토비타) 디자이너 토비타 마사히로입니다. 대학 시절 염색 디자인을 배우면서 다양한 표현 활동을 '스포큰 워드 프로젝트'라는 타이틀로 진행했고, 졸업 후 브랜드로 만들었습니다. 1998년 도쿄 컬렉션에 첫 참가하기도 했어요. 수작업으로 염색이나 프린트를 한 옷을 주로 만들고 있어요. 지금은 아티스트의 라이브 의상이나 무대 미술, 텍스타일 디자인도 다루면서 패션의 영역을 넘나들며 활동하고 있습니다. 팜은 바로 '스포큰 워드 프로젝트'가 디렉션하는 홈웨어 브랜드예요. 피부에 가까운 옷인 홈웨어나 언더웨어를 중심으로 브랜드를 전개하고 있으며, 입는 사람 스스로가 생각하고 선택할 수 있는 브랜드가 되는 걸 목표로 하고 있습니다.

오카다 치히노(이하, 오카다) 크리에이티브 디렉터 오카다 치히노입니다. 팜을 운영하는 유토리에서 브랜드 디렉터를 맡고 있습니다. 유토리는 도쿄를 거점으로 아시아 전역에 브랜드를 전개하는 걸 목표로 하는 '스트리트 컴퍼니'예요. 디지털 테크놀로지에 대한 지식과 개인이 지니는 스토리를 결합하여 다방면의 장르에 걸친 신세대 브랜드를 운영하는 회사입니다.

브랜드 팜이 만들어진 계기가 궁금합니다.

토비타 코로나 팬데믹 뉴스로 세상이 시끄러워지기 시작할 때 사람과 만날 수 없게 될 것을 예감했고, 많은 리스크가 만연할 거라고 생각했습니다. 옷을 잘 차려 입고 거리에 나갈 수 없다거나 친구를 만날 수 없는, 하지만 혼자 방에서 외로움에 시달리는 것이 아니라 그 남은 시간을 오히려 행운으로 생각하고 혼자가 된 자신을 바라보자고 생각했어요. 그럴 때 입는 '잠옷'이 자신을 보기 위해 입는 옷으로 존재해줬으면 했어요. 그런 마음이 담긴 '홈웨어' 브랜드가 팜이에요.

오카다 당시 유토리는 온라인을 기반으로 패션을 전개하는 방식에 집중하고 있었어요. 구성원들이 의류 분야에서의 경험은 없었지만 SNS 마케팅을 잘해서 코로나라는 어려운 시기에 주목을 받고 매출이 더욱 늘어났습니다. 하지만 마케팅을 잘 구사해서 확장시키기에는 디자인에 한계가 있다는 판단이 있었어요. 그래서 '스포큰 워드 프로젝트'에 제안을 하게 되었습니다. 서로가 잘하는 것과 좋아하는 것을 바탕으로 수많은 대화를 나눴고, 그 균형이 절묘하게 매치되어 만들어진 결과물이 팜의 시작입니다.

팜이라는 이름의 유래가 궁금합니다. 조합어일까요?

토비타 맞아요. 가족을 뜻하는 FAM과 개인을 뜻하는 PERSONAL을 조합해 만든 이름이에요. 이런 질문을 해봤어요. '개인으로부터 시작되는 것이 인생일까?', 아니면 '가족으로부터 시작되고 있는 것이 나일까?'처럼 자기 자신을 어떻게 바라보는가를 중요하게 생각하는 브랜드입니다. 삶이 시작되는 지점, 그리고 누군가와 유대를 맺고 사랑을 느낄지를 염두에 두고 브랜드 이름을 생각했어요. 거기에 자음을 연속 배열하여 발음하고 싶은 리듬이 나오도록 M을 덧붙였습니다.

팜이라는 브랜드의 지향점이나 컨셉은 무엇인가요?

토비타 본질적으로 패션은 타인에게 자신을 표현하고, 자기주장을 전하는 방식이라고 생각하고 있어요. 다른 사람에게 보여지는 것이 전제이자 묘미죠. 이걸 저희는 '패션 커뮤니케이션'이라고 불러요. 커뮤니케이션 도구가 다양하게 발달한 요즘 시대에는 타인이 누구인지, 누군가에게 보여진다는 것이 무엇인지 의미를 알 수 없게 되었어요. 그래서 지금이야말로 과거부터 존재한 패션의 묘미는 일단 포기하고, 다른 이가 아닌 자신이라는 한 사람을 살펴볼 필요가 있는 시기라고 생각했어요. 그런 의미에서 팜은 다른 사람을 의식하지 않는 '나를 보기' 위한 옷 만들기라고 생각했습니다.

타인에게 보여주지 않는 옷을 입고 혼자 거울을 보며, 엉뚱한 행동을 하거나 평소에 시도하지 않았던 화려한 색상의 옷을 입어보는 과정을 통해 자신만의 즐거움을 발견하는 것, 이것이 진정한 패션 커뮤니케이션의 완성일 거예요. 타인의 시선을 의식하며 지치는 대신, 편안한 마음으로 자신에게 장난을 치듯 패션을 즐기는 거죠. 팜을 입고 거울에 비친 자신을 바라보며 스스로에게 질문하고 답하는 과정을 반복하다 보면, 내면의 아름다움 또한 자연스레 채워질 거라고 확신합니다. 이렇듯 '나의 생각을 입는다 Wear my thought'는 슬로건은 팜이 추구하는 가치를 담고 있어요.

제품을 제작할 때 팜만의 특징이 있을까요?

토비타 팜의 근간인 텍스타일 디자인은 전부 스포큰 워드 프로젝트의 아틀리에에서 고안해서 만들어집니다. 한 장의 큰 천을 벽에

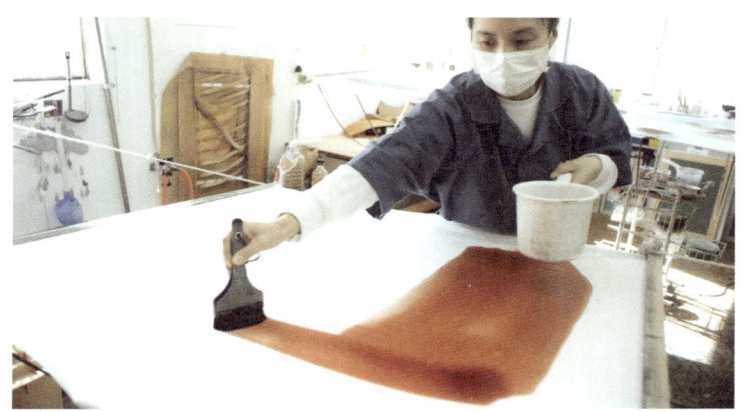

서 벽으로 길게 늘어뜨리고 염색이나 프린트, 드로잉, 콜라주 등 미대에서 배운 텍스타일 표현 노하우를 살리고, 현대 미술을 접하면서 길러진 심미안을 바탕으로 지금의 기분을 하나의 천으로 제작합니다. 텍스타일 디자인은 하나의 미술 작품처럼 기능하고, 그 디자인이 메시지가 될 수 있도록 작업하고 있어요. 디자인의 이유나 컨셉을 확실한 형태의 언어로 전환해서 그 옷을 입는 사람이 '생각을 정리'하는 계기가 될 수 있도록 만들고 있습니다.

지향점과 특징이 명확하시니 설정하신 타깃도 있으실 것 같아요.

토비타 연령·성별·국적을 전혀 묻지 않고 모든 인류를 향하고 있습니다. 저희는 사람을 사람 그 자체로 생각합니다. 예를 들면, 나이가 2세여도 72세여도 사람입니다. 곱슬머리를 가진 사람도, 모히칸 헤어를 한 사람도 같은 사람입니다. 남녀노소 구분 없이, 어떤 스타일을 갖고 있든 모든 인류에게는 한 사람의 자신을 바라보는 시간이 필요합니다. 그것을 알아차려 준 사람들이 타깃이에요. 현실적이지 않은 로맨틱한 이야기라고요? 아니요, 저희는 이것이 오히려 혼돈의 현대 사회를 내다보는 보다 사실적인 사고라고 생각합니다. 물론 시장 규모나 판매 지역 확장 등 현실적으로 해결해야 할 항목은 산더미처럼 쌓여 있겠지만요. 팜은 그런 모든 사람이 선택할 수 있는 옷을 만들고 있습니다.

팜은 스포큰 워드 프로젝트와 유토리가 함께 만든 브랜드인데요, 각자의 역할이 정해져 있을 거 같아요.

오카다   디자인은 스포큰, 그 외 운영은 유토리가 맡고 있습니다. 아직 본 적 없는 새로운 텍스타일을 그리는 것, 그리고 거기에 생각을 담는 일은 스포큰이 구상하고, 유토리는 팜을 더 많은 분들에게 전달하기 위한 작전을 세우는 형태예요. 각자의 강점은 전혀 다른 조직이지만 생각은 언제나 하나입니다. 그건 팀 모두가 자신만의 각도와 시선으로 팜을 사랑하기 때문인 것 같아요.

토비타   타인과의 비교나 공동체 형성에는 현재 크게 관심을 두고 있지 않습니다. 그보다는 개인이 스스로를 성찰하며 자존감을 키운 사람들이 거리 위에 많아지는 것이 팜의 이상이자 운영 방침입니다.

기억에 남는 고객과의 에피소드가 있나요?

오카다   '혼자만의 시간을 소중히 할 수 있게 되었다'는 말을 해주신 손님이 기억에 남아 있어요. 혼자 지내는 시간 동안 정말 많은 생각을 하게 된다고 하시더라고요. 그 손님은 세상 물정을 잘 모르는 자신 때문에 기분이 우울해지는 경우가 많았다고 하셨어요. 하지만 팜의 잠옷을 입고, 그 텍스타일에 담긴 생각을 알고 난 후로 꾸밈없고 순진무구한 자신의 마음을 소중히 생각하게 되었다고 말씀해주셨습니다. 팜이 생각하는 '생각을 정리하다'를 몸소 보여주셨다고 생각해요.

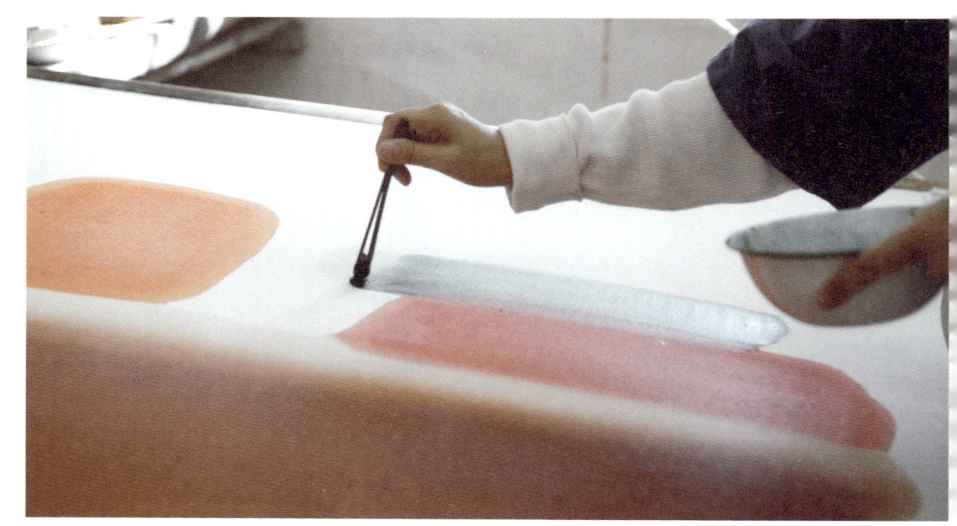

좋은 디자인이나 멋진 일은 혼자서는 실현할 수 없습니다.
주변에 있는 친구들을 소중히 하세요.
더불어 오리지널리티는 정보 속에 있는 게 아닙니다.
오리지널리티는 언제나 자신의 마음속에 있어요.

팜을 하시면서 가장 좋았다고 느낀 순간은 언제였나요?

토비타 패션으로 고객에게 '마음'을 전하는 것이 가능하다는 걸 실감했을 때예요. 그리고 그 마음을 전하기 위해 좋은 공장과 좋은 제작자를 만날 수도 있었습니다. 옷은 엄밀히 말하면 하나의 물질입니다. 추위와 더위를 막아주는 도구죠. 하지만 저희는 '생각'을 달리하고 상상을 펼치면서 손을 움직여서 옷을 만들어요. 그리고 그렇게 완성된 옷에 이야기를 더합니다. 그게 좋다고 말씀해주는 고객분들이 있어요. 바로 그 순간이 물질이 작품이 된 순간이라고 생각해요. 종이가 그림이나 소설이 되고 소리가 음악이 되듯이 천도 그렇게 하나의 작품이 되는 거죠. 그리고 그 생각에 동조하며 제작 과정을 동거동락하며 마지막까지 완성도를 위해 함께해주는 공장이 있습니다. 그분들과의 만남이 없이는 이 작품을 만들 수 없어요. 정말 감사한 일입니다.

유토리와 공동으로 브랜드를 운영하는 것은 어떠세요?

토비타 저는 지금 50대랍니다. 평균 연령이 20대 초반으로 구성된 유토리와 협업하는 과정이 힘들거나 그들로부터 배려를 많이 받고 있지 않냐고 묻는 사람이 꽤 많아요. 사실 제 자신이 힘든 것은 없어요. 그 이유는 제가 10대나 20대 시절에 패션, 아트, 음악, 사진으로부터 받았던 감동을 사람들에게 전하고 싶은 메시지로 지금도 표현하고 있기 때문이에요. 젊었을 때 받은 영감은 시대와는 크게 상관이 없다고 생각해요.

앞으로 팜의 목표가 궁금합니다.

토비타 정말 중요한 유형과 무형의 존재가 무엇인지 알고 싶어요. 아마 스스로를 혼자 둔 채 깊이 생각하지 않으면 알 수 없는 것일지도 몰라요. 저희도 그것을 이제 알아가고 있는데요, 그 여정을 여러분께 전하고 싶습니다. 그리고 혼자서 생각하는 시간을 중요하게 생각하지만, 만남 역시 소중하게 생각하고 있습니다. 자존감을 중시하는 사람들이 모여 각자의 방식으로 무언가를 나눌 수 있는 장소를 만들어가려고 합니다. 옷뿐만 아니라 의자나, 음악, 그림처럼 유·무형의 좋은 존재들을 만들고 출시하려고 해요. 여러분도 함께해 주시고 기대해 주세요!

한국에서도 개인 규모로 가게나 브랜드를 시작하거나 기업 브랜드의 브랜딩이나 마케팅을 담당하는 것을 목표로 하는 젊은 사람들이 많습니다. 그들에게 전하고 싶은 메시지를 부탁드립니다.

토비타 좋은 디자인이나 멋진 일은 혼자서는 실현할 수 없습니다. 주변에 있는 친구들을 소중히 하세요. 더불어 오리지널리티는 정보 속에 있는 게 아닙니다. 오리지널리티는 언제나 자신의 마음속에 있어요. 이건 항상 저희가 생각하는 중요하고도 소중한 지점입니다. 저희의 이런 생각과 관점을 여러분에게 선물로 드릴게요.

오카다 팜을 운영하며 깨달은 것은, 제가 타인의 의견을 우선시하게 되었다는 점입니다. 모든 생각을 인정하고, 받아들이고, 자신의 것으로 만들어 보려고 합니다. 물론 저의 뿌리인 제 자신은 유지하되, 여러 개의 나를 만들어서 상대방의 감정에 가까이 다

가가 보려고 노력하고 있어요. 고객이나 기업을 관찰하고 그 사람이 될 수 있을 정도로 정보를 수집하고, 그 다음을 상상해 봅니다. 이기적인 망상으로도 괜찮다는 생각이 들어요. 망상력이 풍부할수록 이야기를 더 넓게 바라볼 수 있을 것 같거든요. 누가 무엇을 원하고 있는지를 망상할 수 있게 되면 강해집니다. 저도 열심히 하고 있어요.

좋은 태도이자 방법인 것 같습니다. '좋은 브랜드', '오래갈 수 있는 브랜드'란 무엇일까요?

토비타 유행을 아는 것은 중요합니다. 하지만 상품의 트렌드만이 아니라, 사람들의 기분을 아는 게 더 중요하다고 생각해요. 저희는 그 감정의 근원이 예술에 있다고 생각합니다. 왜냐하면 예술은 의식주에 없어서는 안 되는 요소들이고, 태고적부터 사람들의 기분을 표현해 온 방식이기 때문입니다. 예술을 계속해서 탐구해가는 마음이 유일무이한 브랜드를 만들 수 있는 방법이라고 생각합니다.

오카다 씨는 한국에서 잠시 지내신 적이 있으시잖아요? 오카다 씨가 느낀 한국과 서울에 대해 이야기해주세요.

오카다 트렌드를 캐치해서 가장 빠르게 확장해가는 서울의 움직임은 굉장히 놀라울 정도입니다. 같은 시대를 살고 있지만 때때로 저희들을 놔두고 앞서가는 것처럼 느껴질 때도 있어요. 서울은 자극적이고 유머가 있는 도시라 매번 방문할 때마다 놀라움을 안겨줍니다. 그런데 이렇게 빠른 속도감 안에서도 반대로 계속 변하지 않는 게 눈에 띄는 것 같아요. 서울의 경치를 볼 때마다 항상 떠오르는 기억인데요. 학생 때 하회마을을 방문한 적이 있어요. 민박집의 작은 창문에서 본 벚꽃나무는 지금도 기억이 생생합니다. 그리고 일찍 일어나 아무런 소리가 없는 거리를 걸었던 기억, 따뜻한 온돌을 느끼며 산나물 보리 비빔밥을 먹었던 기억. 저에게 한국은 변해가는 것과 변하지 않는 것의 균형이 기분 좋게 존재하는 나라입니다.

토비타 씨, 이 책을 읽고 있는 분들께 한마디 부탁드립니다.

토비타 안녕하세요, 한국 독자 여러분! 우리 친구가 되도록 해요. 우선은 팜을 머릿속에 이미지로 떠올려보세요. 그 상상이 저희와 만나고 싶다는 마음으로 이어질 수 있을 거라 생각합니다. 물론 저희도 여러분을 빨리 만나고 싶어졌습니다. 빠른 시일 내에 한국에서 만날 수 있기를 바라요!

스땜프스

13

원단이 가진 가능성을
보여주는 회사

디자인이 가진 힘이 삶을 얼마나
풍요롭게 만들 수 있는지
알게 되면서 제 안에 있던 패션에
대한 개념이 서서히 변화되었어요.
옷을 입는 행위로 멋진 사람을
만들어가는 것만이 목적이 아니라,
라이프 스타일 자체를 보다 지속적이고
풍요로운 방향으로 제안하는 것이
목표가 되었죠.

요시카와 슈이치

요시카와 슈이치   吉川修一

STAMPS   스탬프스

'kijinokanosei', 원단의 가능성生地の可能性이라는 일본어를 그대로 로마자로 표기한 이 독특한 이름의 텍스타일 브랜드를 처음 보았을 때, '어떻게 만들어졌고 무슨 일을 하는 것일까?' 하는 호기심이 커졌던 기억이 있습니다. 세계 3대 모직물 산지 중 하나로 손꼽히는 일본의 비슈는 오래전부터 원단이 만들어지는 모든 과정이 전문화, 세분화되어 있는 마을이었습니다. 하지만 비슈의 원단은 세월이 흐르면서 관련 종사자들이 점차 줄고 텍스트로 남겨진 자료조차 남아 있지 않아서 이제는 오래전에 만들어진 샘플만으로 유추할 수 있는 존재였습니다.

Intro

의류와 라이프스타일 전반 걸쳐 다양한 요소들을 제안하는 브랜드 스탬프스의 오너 요시카와 슈이치. 그는 세계 각국의 다양한 시대의 모직물을 수집한 디자이너와의 만남을 계기로 오래된 일본 고유의 텍스타일을 만들기 위해 비슈의 젊은이들과 kijinokanosei 프로젝트를 시작하게 됩니다. 그리고 자신의 모국이 가진 텍스타일을 재해석하는 과정을 거쳐 일본은 물론 해외에서도 호평을 받는 텍스타일 브랜드로 성장하기 시작합니다. 그가 생각하는 원단의 가능성은 무엇일까요? 그의 이야기를 들어봤습니다.

스탬프스 홈페이지 https://stamps-co.com
스탬프스 인스타그램 @stamps_inc
kijinokanosei 홈페이지 https://kijinokanosei.com
kijinokanosei 인스타그램 @kijinokanosei_

Profile

주식회사 스탬프스 대표. 1965년 도쿄 출생.
대학 졸업 후 다수의 의류 기업에서
브랜드 운영과 마케팅, 매장 개발에 참여했다.
일본 및 해외의 패션과 수공예를 접한 경험으로
2013년에 스탬프스를 설립했으며
'스탬프 앤 다이어리STAMP AND DIARY',
'위틸리테utilité' 등 오리지널 브랜드의
제작 디렉션부터 프랑스 가방 브랜드
'탐피코TAMPICO' 등 수입 브랜드의
셀렉까지 담당하고 있다. 최근에는 의류에
한정하지 않고 일상을 윤택하게 만들 수 있는
존재 전반을 취급하고 있다.

© Henri Vogt

요시카와 씨, 안녕하세요. 이 책을 읽고 있는 독자분들께 간단한 자기소개를 부탁드립니다.

요시카와 슈이치입니다. 도쿄에서 태어났고 이바라키현에서 자랐어요. 대학 졸업 후 24년간 세 곳의 의류 회사에서 영업 및 마케팅, 매장 개발 부분에서 경험을 쌓았습니다. 일본 국내와 해외의 패션과 제조업을 접한 경험을 바탕으로 2013년 주식회사 스탬프스STAMPS를 설립했어요. 오리지널 브랜드의 제작 디렉션부터 해외 수입 브랜드의 일본 판매도 전개하고 있습니다.

스탬프스의 창업 과정에 대해서 좀 더 설명 부탁드립니다.

창업 당시 48세였기 때문에 일반적인 기준으로 보면 출발이 늦은 편이죠. 하지만 '인생은 한 번뿐'이라는 사실을 통렬하게 실감하게 된 사건이 있었고, '내가 마음속 깊이 하고 싶은 일'이 보이면서 창업을 하게 되었습니다. 창업과 동시에 브랜드인 스탬프 앤 다이어리를 시작했어요. 브랜드의 컨셉은 '생활을 풍부하게 하는 도구로서의 옷'이에요. 당시 일본은 양복을 입는 것이 자기 표현의 수단 중 하나였고, 패션 신에서는 얼마나 새로운 패션 트렌드를 내세워 소비를 유도할 수 있느냐가 주류였습니다.

직장 생활을 할 때는 10년 넘게 매년 3~5회 유럽 출장을 다녔어요. 자주 출장을 가다 보니 유럽 사람들의 스타일이 왠지 모르게 세련되고 풍요롭게 보이더라고요. 누구나 알만한 유명 브랜드가 아닌 자신의 취향을 반영한 옷, 집, 취미를 종합적으로 표현하고 있는 사람들과 많이 만났다는 사실을 깨달았습니다. 특히 북유럽에 방문하면서 디자인이 가진 힘이 삶을 얼마나 풍요롭게 만들 수 있는지 알게 되었어요. 그렇게 제 안에 있던 패션에 대한 개념이 서서히 변화되었습니다. 옷을 입는 행위로 멋진 사람을 만들어가는 것만이 아니라, 라이프스타일 자체를 보다 지속적이고 풍요로운 방향으로 제안하는 것이 목표가 되었죠.

스탬프 앤 다이어리는 현재 일본과 일부 아시아를 포함한 100곳 이상의 백화점, 라이프스타일숍과 셀렉트숍에 도매 판매를 전개하고 있으며, 세 곳의 직영점 '스탬프 앤 다이어리 홈 스토어STAMP AND DIARY HOME STORE'와 온라인 매장을 운영하고 있습니다. 창업 3년 후인 2016년에 두 번째 오리지널 브랜드인 '위틸리테'를, 창립 후 10년이 되어갈 무렵에 'kijinokanosei'를 만들었습니다. 위틸리테는 프랑스어로 '도움이 되는 것'이라는 의미를 갖고 있어요. 이름 그대로 여성에게 유용한 도구로서의 옷을 제안하는 브랜드입니다. kijinokanosei는 일본어로 '원단의 가능성'이라는 뜻으로, 저희 회사의 컨셉에 공감하여 입사한 텍스타일 디자이너와의 만남으로 시작되었습니다.

인터뷰를 하는 이 공간에 kijinokanosei 원단과 제작한 제품이 많이 있는 것 같습니다. 이 브랜드를 만들게 된 계기가 있나요?

유럽 여행하면서 일본에서는 볼 수 없는 여러 지역의 패브릭을 볼 기회가 있었고, 해외 거래처와 대화를 나누면서 일본 패브릭을 사용해서 옷을 만들고 있는 유럽 브랜드가 있다는 사실을 알게 되었어요. 그런데 일본 패브릭을 사용했다고 표시한 브랜드가 적다는 점에서 충격을 받았습니다. 유명한 메종에서도 사용되고 있는 일본의 패브릭은 대부분이 '눈에 띄지 않는 조연' 같은 존재라는 것에 위화감을 느꼈어요. 그래서 저희 회사에 입사한 텍스타일 디자이너와 함

© Henri Vogt

께, 일본의 산지에서 일본의 기술로 만든 일본의 브랜드로서의 패브릭을 세계를 무대로 만들기로 결정했습니다. 제가 창업할 때 도움을 받았던 일본의 원단 생산자들에 대한 보답이라고 하면 과장일 수도 있지만, 현재 일본 원단의 산지는 고령화와 원료 비용 상승이 진행되면서 어려움을 겪고 있어서 아주 조금라도 도움이 되면 기쁘겠다는 생각도 있었어요. 그렇게 kijinokanosei를 시작해 2022년부터 상품을 전개하기 시작, 2023년에는 염원이었던 파리의 전시회 메종 앤 오브제Maison&Objet에 출전, 2025년에는 8개국의 16곳으로부터 오더를 받았습니다.

kijinokanosei, '원단(텍스타일)의 가능성'이라는 이름 자체가 브랜드의 방향성을 그대로 담고 있는 것 같은데요?

kijinokanosei는 '일본의 기술로 만든 일본의 패브릭을 세계로'라는 목표로 갖고 있습니다. 그리고 이름에서 알 수 있듯이 새로운 텍스타일을 만드는 과정에서의 가능성, 거기에서 확산되는 제품을 만들 수 있는 가능성, 이 두 가지 가능성을 추구하는 브랜드입니다. 타깃은 나이와 성별을 불문하고 패브릭을 좋아하는 모든 분들을 대상으로 하고 있어요. 원단과 관련된 일을 오랜 기간 해오면서 축적된 지식과 경험, 새로운 것에 도전하는 열의와 모험심이 더해져 겉과 속이 전혀 다른 표정을 지닌 개성이 풍부한 원단을 만들고 있어요. 저희는 설계도에서 계산할 수 없는 우연성도 원단이 지니는 가능성이라고 생각합니다. 이렇게 태어난 텍스타일은 몸에 걸치는 존재, 생활을 장식하는 존재, 눈을 즐겁게 하는 존재, 조용히 그 자리를 지키는 존재 등 다양한 형태로 '존재의 방식'을 바꾸어 갑니다. 그리고 여기에 자유로운 아이디어가 여러 방향에서 더해지면 상상을 훨씬 뛰어넘는 무언가로 변화할지도 모릅니다.

'원단의 가능성'은 브랜드를 구상할 때부터 중요하게 자리잡은 키워드였어요. 이 브랜드에 어울리는 이름을 계속 고민했지만 어떤 표현도 마음에 확 와닿지 않았어요. 결국에는 더할 나위 없이 직설적인 이름을 고르게 되었습니다. 앞으로 어떤 원단이 어떤 스타일로 만들어질지 그리고 어떻게 모습을 바꾸고 어디로 흘러갈지, 그 가능성은 무한대입니다. 앞으로의 가능성에 주목해 주셨으면 합니다.

스탬프스는 대규모 회사는 아닌 것으로 알고 있어요.
소수의 스태프들과 운영하고 있어요. 매출액 크진 않지만 꾸준히 흑자를 유지하며 운영하고 있습니다. 일본은 물론 해외의 합동 전람회에 참가하면서 거래처를 확대해 나가고 있고요. 앞으로는 팝업스토어와 온라인숍 전개도 계획하고 있어요.

회사를 운영하다 보면 좋았던 일도 있고, 고생스러웠던 일도 있었을 것 같아요. 위기의 순간도 있으셨을 테고요.
그렇죠. 도예가 이호시 유미코 Iihoshi Yumiko♠씨가 kijinokanosei의 스톨을 구매하신 것이 계기가 되어 '유미코 이호시 포슬린 yumiko iihoshi porcelain X 키지노카노세이' 콜라보레이션이 탄생한 것이 기억에 남습니다. 그리고 파리 전시회를 나갈 수 있었던 것, 그 전시회에서 제가 동경하던 유럽의 매장이나 갤러리의 바이어들이 부스에 방문해

♠ 일본의 유명한 도예가이자 테이블웨어 디자이너.

저희는 설계도에서 계산할 수 없는 우연성도
원단이 지니는 가능성이라고 생각합니다.

서 저희 브랜드를 극찬해준 것이에요. 상상하고 동경하는 마음을 계속 지니고 있으면 꿈은 저 멀리서부터 찾아온다는 것을 실감했습니다. kijinokanosei는 일본 산지에서 양질의 희귀한 원료를 사용해서 만들어지기 때문에 원료의 조달부터 가공하는 방적 공장, 그리고 그 실로 원단을 만드는 직조 공장과의 관계성이 중요합니다. 작년까지는 만들 수 있었던 실의 원료가 올해는 없어서 같은 원단을 만들지 못하는 등 생산 배경이 불안정한 경우가 많기 때문에 이를 고려하면서 유연한 발상으로 헤쳐 나가는 정신을 가지는 것이 무엇보다 중요합니다.

사실 어느 나라든지 자신의 가게나 브랜드를 시작하려는 사람들이 있습니다. 그들에게 전해주실 말씀이 있으신가요?
만약 여러분이 '먹고 자는 일을 잊어버릴 만큼' 좋아하거나 몰입할 수 있는 게 있다면 '가게나 브랜드를 만드는 것'은 어려운 일이 아니라고 생각합니다. 한국과 일본의 비즈니스 환경의 차이는 잘 모르겠지만, 비교적 안전한 방향으로 창업하는 방법은 있다고 생각해요. 갑자기 높은 리스크를 취하지 않는다면 큰 실패도 없다고 생각합니다. 우선은 내가 무엇을 하고 싶은지, 어떻게 되고 싶은지, 그리고 거기에 접근하기 위해서는 어떻게 하면 좋을지를 정리해서 정보를 모아보면 좋을 것 같아요. 약해지지 말고 강하게 마음을 먹고 지속한다면, 그 '바램'은 이루어질 거라고 생각합니다.

요시카와 씨가 생각하는 좋은 브랜드란 무엇인가요?
매우 어려운 질문이네요. 고객의 '마음을 채워주는' 일을 할 수 있는 브랜드가 아닐까 생각합니다. 물건을 사고 싶거나 그렇지 않거나에 상관없이 그 장소에 가고 싶은 무언가를 지니고 있는 브랜드. 가고 싶은 무언가가 상품의 셀렉일 수도, 디스플레이일 수도, 세계관일 수도, 아니면 브랜드의 스태프나 오너일 수도 있죠. 무엇이 됐든 브랜드를 접하는 것만으로도 나의 생활 속에서 풍부한 시간을 구현할 수 있는 곳이 좋은 브랜드라고 생각합니다.

이 책을 읽고 있는 한국의 독자분들께 전하고 싶은 말이 있으신가요?
2004년에서 2005년 즈음 서울에 처음 방문했어요. 이후 코로나 팬데믹 전에 네다섯 번, 엔데믹 후에 세네 번 방문했습니다. 아직까지는 서울만 가봤지만, 첫인상은 지금의 일본에서는 찾을 수 없는 에너지와 사람들의 친절함, '인정' 같은 따뜻함을 느꼈고 지금도 마찬가지입니다.
엔데믹 이후 다시 찾은 서울은 거리도, 가게도, 사람들도 이전보다 더 세련되어졌다는 것을 알 수 있었습니다. 일본에 비하면 젊은 분들의 에너지가 한층 더 활기차졌다는 느낌을 받았고요. 물론 저는 평소에도 현지인들이 이용하고, 그들을 만날 수 있는 시장을 자주 가는데요. 그곳에서 만나는 아저씨나 아주머니들의 에너지도 매우 좋아합니다. 그리고 한국 영화도 좋아해요. 특히 홍상수 감독의 영화가 일상의 한국이 표현되고 있는 것 같아서 자주 보고 있어요. 일본의 카세 료加瀬亮 배우가 주연으로 출연한 작품도 있어서 매우 친근하기도 합니다.

브랜드를 시작할 때는 해외에서 영감이나 아이디어를 얻어 브랜딩이나 제조에 활용하는 편이었어요. 그런데 코로나 팬데믹 시기를 거치면서 제가 태어나고 자란 일본을 다시 바라보게 되었고, 모국의 훌륭함을 다시 한번 인식했습니다. 인간이란 너무 가까이 존재하고 있는 것을 당연시하고, 그 가치를 깨닫지 못하는 것 같아요. 나 자신을 지탱해주고 살게 해주는 주위 환경을 다시 한번 돌아보면 무언가 발견할지도 모르겠어요. 한국의 독자 여러분도 자신의 주위를 돌아보세요. 분명, 훌륭한 환경과 콘텐츠가 여러분을 자극하고 영감을 줄 것이라 믿습니다.

마지막으로 요시카와 씨의 앞으로의 목표나 희망하고 계신 것이 있다면 무엇인지 들려주세요.
저는 이미 60대이지만, 지금까지 살아온 것에 감사하는 마음으로 다시금 세계 시장을 공략하고 싶어요. 대기업이 아닌 저희 같은 작은 회사가 세계로 뻗어 나갈 수 있음을 여러분과 함께 증명해보고 싶습니다.

14

한 시대의 사운드를
만들다

저는 음악을 어떻게 즐길 수 있을지,
일상 속에서 음악이 가진 장점을
어떻게 접할 수 있을지를 중요하게
생각해요. 좀 더 말씀드리자면
음악을 듣고 있는 시간이나
공간에 흐르는 시간 속에
어느 정도의 추억이 자리하고 있는지,
어느 정도의 소중한 감정을
지닐 수 있는지가 중요한 거죠.

하시모토 토오루　　　　　　　　　　　　　　　　橋本徹

Café Après-midi　　　　　　　　　　　카페 아프레미디

'도쿄의 한 시대의 사운드를 만든 주인공'. 선곡가이자 DJ, 편집자 그리고 카페 아프레미디의 운영자인 하시모토 토오루를 소개할 때 자주 들을 수 있는 표현입니다. 그는 장르를 중심으로 한 평론가적인 시각에 얽매이지 않고 일상 속에서 자신이 좋아하는 음악들을 소개해왔으며, 그 가치관에 공감하는 동료들과 함께 펼친 일련의 활동은 1990년대 이후 도쿄의 BGM을 규정하는 하나의 카테고리로 자리하게 됩니다. 특히 1999년에 시부야의 NHK 근처에 오픈한 '카페 아프레미디'는 이후 도쿄의 카페 붐을 이끌었으며 그 이듬해인 2000년에 등장한 동명의 선곡 컴필레이션 음반 시리즈는 이후 도쿄 카페 뮤직의 대명사로 불리면서 일본의 브랜드와 매장 음악 선곡 방식에도 커다란 전환점을 가져온 상징적인 존재가 되었습니다.

DJ 문화와 레코드 문화가 널리 퍼지고, 자신의 일상이나 매장, 브랜드의 플레이리스트가 하나의 개성으로 공유되는 오늘날의 풍경은 하시모토 토오루와 그 동료들이 함께 선곡 활동을 펼쳐갔던 1990년대 도쿄의 분위기와 많이 닮아 있습니다. 음악을 다른 이들과 함께 공유하고 나누며 개성을 표현하는 선곡이란 무엇인지에 대한 궁금증을 안고 당시의 이야기를 들으러 시부야에 위치한 카페 아프레미디로 향했습니다.

홈페이지 http://apres-midi.biz
엑스 @Toruhashimoto

Profile

편집자이자 선곡가, DJ, 프로듀서.
'서버비아 팩토리Suburbia Factory' 운영자이며,
시부야의 '카페 아프레미디' 오너.
'프리 소울Free Soul', '멜로우 비츠Mellow Beats',
'재즈 수프림Jazz Supreme',
'음악이 있는 풍경音楽のある風' 시리즈 등,
선곡을 담당한 컴필레이션 CD는 350장을 넘으며
세계 최다 기록. USEN에서는 음악방송 채널인
'usen for Café Après-midi',
'usen for Free Soul'을 감수 및 제작했으며,
1990년대부터 일본의 도시형 음악 신에
커다란 영향력을 지니고 있다.
현재는 멜로우, 칠아웃을 테마로 하는
'굿 멜로우Good Mellow' 시리즈가 일본 및
해외에서 높은 평가를 받고 있다.

하시모토 씨의 학생 시절의 이야기를 먼저 여쭤보고 싶습니다.
4월에 태어났기 때문일까요? 활발한 아이였어요. 어린 시절에는 공부도 운동도 좋아해서 비교적 리더십을 발휘하는 역할도 많이 맡았고요. 초등학교 때는 싱글 레코드도 몇 장 샀어요. 예를 들면 캔디즈キャンディーズ의 '미소의 답례微笑がえし', 영화 〈야생의 증명野生の証明〉의 주제곡이었던 마치다 요시토町田義人의 '전사의 휴식戦士の休息', 고다이고ゴダイゴ의 '은하철도999' 주제가 같은 음악들이죠. 중학교 때부터는 라디오에서 나오는 음악이나 인기 차트 음악을 듣기 시작했고, 집 근처 레코드 대여점을 자주 찾았습니다. 고등학교 2학년 무렵에는 음악에 푹 빠지게 되었어요. 대학생 때는 과외 아르바이트를 했고, 급여가 들어오면 레코드 가게로 곧장 달려가 디깅하던 나날이었습니다. 아, 이 시기는 일본의 버블 경제가 붕괴되기 전이에요.

그 당시 하시모토 씨의 디깅 기준이 궁금한데요?
라디오에 들었던 곡을 찾거나 레코드 라이너 노트에 적힌 정보를 보며 '내가 좋아하는 취향은 어떤 것일까'를 생각하면서 디깅했어요. 예를 들면 어느 지역의 음악인지, 누가 프로듀싱했는지, 어떤 장르인지 정보를 찾으면서 머릿속에 지도나 연표를 그려나갔어요. 줄곧 이런 생각을 펼치면서 레코드를 사서 들었고 '아, 이건 좋구나', '어? 이건 아니네'를 경험하면서 정리했었습니다.

그 당시 음악을 좋아한다거나 음악 팬이라는 존재는 앞선 디깅처럼 좋아하는 레코드를 사서 듣는 형태가 일반적인데요, 1990년에 등장한 하시모토 씨의 첫 선곡 프로젝트인 〈서버비아 스위트Suburbia

의식주를 지속하기 위한 직업을 갖기보다는
조금이라도 좋아하는 것을 하면서 일하고 싶었어요.

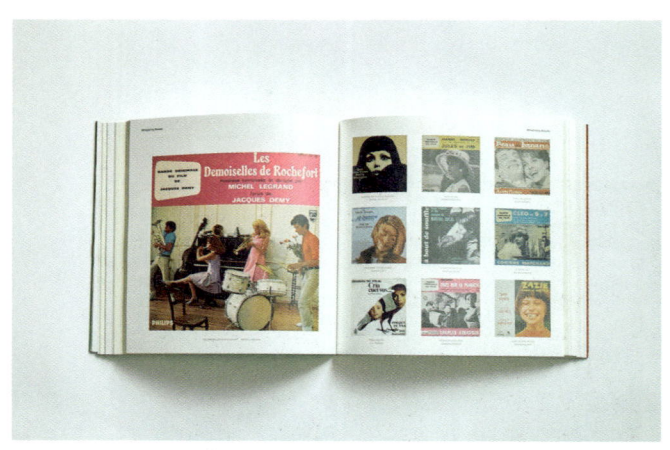

〈서버비아 스위트〉.

Suite〉는 기존과는 다른 새로운 감각으로 음악과 레코드를 소개하고 있어서 처음 접했을 때 충격을 받았습니다. '서버비아 스위트'를 만들게 된 계기와 프로세스가 궁금합니다. 더불어 언제부터 이렇게 자신의 감각을 바탕으로 음악을 편집하고 정보를 제안하려고 하셨는지도요.

대학생 시절에 피치카토 파이브의 팬북 같은 것을 만들 기회가 있었어요. 그때 좋아하는 음악이나 좋아하는 것들을 소개하는 일이 즐겁다고 느끼게 되었습니다. 아까 말씀드렸듯이 제가 대학생이었을 당시에는 일본 경제가 괜찮았던 시기였기 때문에 일반적으로 대학을 졸업하면 좋은 기업에 취직해서 정년까지 근무하는 삶이 주류였어요. 저도 졸업 전에 유명한 은행과 기업에 내정된 상태였고요. 그런데 그 해 여름, 문득 제가 좋아하는 음악, 영화, 미디어와 접점이 있는 세계에서 일할 수 있다면 좋겠다는 생각이 들었습니다.

의식주를 지속하기 위한 직업을 갖기보다는 조금이라도 좋아하는 것을 하면서 일하고 싶었어요. 그래서 급하게 '코단샤'라는 출판사에 들어가게 되었습니다. 코단샤는 일본에서 손꼽는 대형 출판사 중 하나인데요, 당시 무라카미 하루키의《노르웨이의 숲》, 쿠로야나기 테츠코의《창가의 토토》등의 단행본, 〈주간 소년 매거진〉과 같은 잡지를 발행하는 곳으로 유명했어요. 하지만 그 곳에서도 제가 좋아하는 것들이 주류로 다뤄지는 일은 없겠다는 전망을 근무 6개월만에 느끼게 되었습니다. 젊은 세대를 대상으로 하는 인기 잡지 팀에서 '정보' 코너를 담당했기 때문에 어느 정도 접점은 있었지만, 제가 좋아했던 영화나 음악을 이런 대형 출판사에서 직접 발신한다는 건 꽤나 어려운 일일 것 같았어요.

회사 업무를 통해 책이나 잡지가 만들어지는 과정은 알게 되었기 때문에 상여금으로 프리 페이퍼를 만들었고, 그게 〈서버비아 스위트〉 1호였어요. 1990년도 연말 즈음이에요. 이후 몇 호를 더 발행했는데 주변 반응이 좋아서 자연스럽게 DJ 파티를 열거나 도쿄 FM의 라디오 프로그램인 '서버비아즈 파티'를 시작하게 되었습니다. 그리고 같은 시기에 첫 선곡 CD가 발매되기도 했어요. 이 CD는 컨템포러리프로덕션의 신도 미츠오進藤満尾 씨, 일레스트레이터 모리모토 미유키森本美由紀 씨 그리고 제가 참여했어요. 이른바 뮤지션이 아닌 디자이너, 일러스트레이터, 에디터가 제작을 담당하는 형태였습니다. 이 시기 즈음부터는 출판사의 본업 이외의 프로젝트들이 다양하게 진행되었는데 어떤 것이 본업인지 모를 정도였어요. 그래서 1993년도 여름에 독립해서 서버비아 팩토리라는 회사를 만들었습니다.

〈서버비아 스위트〉는 이곳에 오기 전에 진보초 헌책방에서 자료를 찾다가 우연히 발견해서 산 거예요.
이 책이 딱 회사를 그만두고 독립했을 때 만든 거예요. 이건 레코드 가이드북은 아니지만 약간 스핀오프 같은 형태로 만들었는데, 1993년 당시의 분위기를 느낄 수 있을 것 같네요.

당시 음악을 소개하는 책의 편집 방식이나 레코드를 소개하는 글을 작성하실 때 생각했던 포인트가 있으신가요?
글을 읽은 사람이 레코드를 듣고 싶다는 생각이 들 수 있도록 다양한 소개 방식을 선택했어요. 어려운 표현이나 평론 또는 원론의 세

〈서버비아 스위트〉와 '프리 소울'

계에 있는 비평적인 표현 등은 배제하고 편안하고 다정한 언어를 사용하려고 했습니다. 그 당시 특히 의식하고 있던 점은 여성들이 자신이 좋아하는 잡화나 물건을 친구들에게 소개하듯 직설적인 감정이 담긴 방식으로 음악이나 레코드를 소개하려고 했어요. 당시 음악 마니아들의 세계는 어딘가 권위적이고, 교과서 같은 느낌이 있었어요. 완고하다고 해야 할지, 위에서부터 정해져서 내려온다고 해야 할지, 아니면 억누른다고 해야 할지. 그래서 저는 가능한 한 자유롭고 캐주얼한 감각으로 센스나 감정을 통해 호소하는 느낌으로 음악을 소개하고자 했어요. 그에 어울리는 아트웍이나 디자인, 문체 등에도 신경을 썼고요.

당시 기성세대가 만들어가던 문화에 대한 안티테제Antithese나 카운터 컬처Counter Culture와 같은 이미지가 내면에 자리하고 있었을지도 모르겠네요.

맞아요. 그런 마음이 제 안에 상당히 자리하고 있었습니다. 물론 같은 세대라고 해도 일부 그룹 안에서 지지를 받은 것이지만요. 그런 작은 장벽들을 극복할 수 있는 소용돌이 같은 것이 1990년대 당시 도쿄에는 존재했기 때문에 회사에서 독립한 후에도 선곡 활동이나 '프로 소울 언더그라운드'와 같은 DJ 이벤트를 꾸준히 개최하면서 활동을 이어나갈 수 있었어요. 1996년 봄부터는 타워레코드의 〈바운스bounce〉라는 프리 매거진의 편집장으로 활동하기도 했습니다. 그런 흐름 속에서 1990년대 중반부터는 편집, 선곡 음반, DJ라는 세 개의 축을 바탕으로 음악을 소개하는 일을 하게 되었습니다.

그렇다면 카페 아프레미디를 시작하시게 된 특별한 계기가 있었을까요?

줄곧 음악과 관련된 일들을 해오다가 갑자기 요식업을 하겠다고 하니 주변에서 놀랐어요. 1999년 4월 〈바운스〉 편집장을 그만 두고 바로 가수 클레망틴Clémentine의 프로젝트로 파리에 가게 되었습니다. 전국의 '애프터눈 티Afternoon Tea' 매장에 비치할 프리 페이퍼 편집을 위해 클레망틴을 피처링한 기획이었는데요, '파리의 카페 라이프'를 소개하는 내용이었어요. 이 프로젝트가 카페 아프레미디를 해야겠다는 결심을 한 계기가 되었죠.

1950년대 파리의 생제르맹Saint-Germain에서는 재즈가, 1960년대 전반에 걸쳐 히우 지 자네이루Rio de Janeiro에서는 보사노바가, 그리고 당시 뉴욕 그리니치 빌리지Greenwich Village에서는 밥 딜런 같은 포크 뮤지션이 모였고, 샌프란시스코에서는 플라워 무브먼트Flower Movement 등 자유로운 청년 문화가 꽃 피운 사조思潮들이 왜 생겼는지 생각해보니 그 지역에 바bar가 있기 때문이라는 사실을 알게 되었어요. 그런데 시부야는 좋은 음악들이 많이 모여는 있는데 기분 좋은 마음으로, 편안한 감정으로 음악을 들을 수 있는 공간이 없었답니다. 그래서 제가 저만의 방식으로 좋은 기분이 들 수 있는 공간을 만들게 됐어요. 음악을 물론이고 안락함이 느껴지는 인테리어, 편안함을 느낄 수 있는 접객, 그리고 음식에 이르기까지. 그런 요소들을 종합적으로 표현하는 것, 다른 말로 표현하면 잡지를 편집하는 것과 같은 느낌으로 제가 좋아하는 공간을 편집해서 만들 수 있다면 좋겠다는 생각을 하니 마음이 두근거렸죠. 바로 장소를 찾아 다녔고, 시부야 NHK 근처의 코우엔도오리公園通り에 있는 건물 5층에

카페를 오픈하게 되었어요.

얼핏 보기엔 편집이나 선곡과 관련된 일을 하는 사람이 카페를 낸다는 데 놀랐을지도 모르겠지만, 제 안에서 커다란 의미로는 '편집'에 대한 일을 했다고 생각합니다. 가령 필진에게 '이런 글을 써주세요'라고 편집자가 부탁하듯이 요리사에게 '런치 메뉴는 이런 걸 생각해서 만들어주세요', '밤에 어울릴 만한 와인이나 술 마시기 좋은 안주를 만들어주세요', '한밤중에도 배부르게 먹을 수 있는 메뉴를 생각해주세요' 같이 부탁하는 거죠. 우선은 희망하는 바를 아이디어로 내고 이를 동료들과 함께 구현한다는 점에서 가게를 만드는 일과 잡지를 만드는 일이 크게 다르지 않은 것 같아요.

그렇다면 카페 아프레미디도 음악 마니아들만이 모이는 장소로 만드신 건 아니겠군요.

맞아요. 진입 장벽을 낮춘다고 할까요, 입구를 넓게 열어두는 것과 같은 느낌으로 볼 수 있어요. 저는 음악을 어떻게 즐길 수 있을지, 일상 속에서 음악의 장점을 어떻게 접할 수 있을지를 중요하게 생각해요. 좀 더 말씀드리자면 음악을 듣고 있는 시간이나 공간에 흐르는 시간 속에 어느 정도의 추억이 자리하고 있는지, 어느 정도의 소중한 감정을 지닐 수 있는지가 중요한 거죠. 그런 측면에서 음악 지식이 풍부하지 않은 손님이 오시더라도 무의식 중에 좋은 공간이라는 기분이 들 수 있는 카페를 목표로 하고 있습니다.

그래서인지 편한 지인의 공간에 와 있다는 느낌이 드는 것 같습니다. 카페 아프레미디를 오픈할 당시, 도쿄에 카페라는 공간이 많이

있었나요?

오픈 당시에는 그런 분위기가 없었는데요, 2001년 무렵부터 엄청난 카페 붐이 일어났어요. 이후에는 저희처럼 개인의 취미를 가게로 만드는 형태뿐만 아니라 소위 식음료 관련 기업들이 엄청난 기세로 카페를 만들기 시작했어요.

'카페 아프레미디'라는 타이틀의 선곡 CD가 있잖아요. 이것 역시 기존과는 다른 멋이 느껴지는 독특한 감성의 선곡 앨범으로 생각하고 있는데요, 제작하게 된 계기와 과정이 궁금합니다.

'카페 아프레미디' 시리즈가 처음 발매된 시점은 카페 아프레미디를 오픈한 이듬해인 2000년 여름이에요. '카페 아프레미디' 선곡 CD에 대한 아이디어는 카페 오픈 시점부터 생각하고 있었는데, 제작하고 발매하게 된 결정적인 계기는 2000년 봄에 오카모토 히토시 씨가 편집장을 맡았던 〈릴랙스〉 매거진에서 〈서버비아 스위트〉를 부활시키고 싶다는 제안이 왔어요. 〈릴랙스〉가 복간 리뉴얼되고 3~4번째 호였을 거예요. 표지에 스누피가 나온 건데 혹시 갖고 계세요?

네, 가지고 있어요!

역시. 〈릴랙스〉의 〈서버비아 스위트〉 특집에서는 스캣, 허밍, 휘슬, 비브라토, 오르간 등 지금까지 진행한 카테고리 형태의 발상에서 벗어나 가게가 오픈하는 시간인 정오부터 문을 닫는 심야 시간까지의 영업 시간을 축으로 소개하는 레코드 가이드를 만들었어요. 그 과정에서 또 다른 새로운 형태의 음악을 소개하는 즐거움을 느꼈던 기억이 있습니다. 가게도 오픈 당시에는 지인들만 있었지만 그 이듬해

봄부터 〈피가로〉, 〈마리끌레르〉, 〈앙앙〉, 〈긴자〉, 〈하나코〉 등 각 출판사의 여성 잡지가 저희 가게를 소개해줬어요. 그때부터 가게에 굉장히 많은 여성 손님들이 방문했고, 가게 안에서 흐르는 음악이 좋다는 소문이 나기 시작했습니다. 선곡 CD는 가게가 어느 정도 안정적으로 자리를 잡으면 생각해보려고 했지만, 입소문이 나기 시작한 시점에 해보는 것도 좋겠다는 생각이 들었어요.

처음에는 4개의 타이틀로 구성된 카페 아프레미디 선곡 CD가 발매되었어요. '오후의 커피와 같은 행복'이라는 캐치프레이즈로 프랑스의 전통 색채들을 배치한 후 행복해 보이는 노인의 포트레이트 사진을 음영 처리한 커버 아트워크로 디자인을 구성했습니다. 그렇게 시작한 후 얼마 지나지 않아 도쿄에는 '카페 뮤직'이라는 스타일이 하나의 흐름으로 자리하게 되었어요.

그리고 매번 앨범 타이틀은 프랑스의 전통 색채를 나타내는 불어 단어였고요.

맞아요. 프랑스 전통색의 컬러 차트를 보면 이름을 알 수 있으니까요. 당시까지의 컴필레이션 음반이라면 레이블별로 선곡을 하던가, 연대순으로 나열하는 등의 형식이었는데 그보다는 분위기나 기분으로 편집하는 형식, 다시 말해 상황 속에서의 기분에 맞출 수 있는, 편안한 기분에 어울리는 선곡을 비주얼과 함께 제안한 것이 당시 시대 분위기와도 잘 맞았던 것 같아요. 지금도 디자인을 보고 있으면 2000년대 초반의 분위기가 느껴져요.

〈서버비아 스위트〉 이후 1990년대 중반에 제창했던 '프리 소울'은 1960~1970년대 소울, 재즈 스타일의 음악을 중심으로 자유로운 분위기의 감각을 공유할 수 있는 음악들을 소개했습니다. 당시 런던에서 활기를 띤 레어그루브나 애시드재즈 무브먼트 같은 클럽을 중심으로 하는 레코드와 DJ 문화에 공감한 무브먼트였는데요. 당시에는 음악을 틀고 같이 춤추고 즐기는 열기가 선곡 속에 자연스럽게 자리했습니다.

반면에 카페 아프레미디는 라운지나 리스닝이라는 키워드에 어울리는 관점을 지닌 선곡이었기 때문에, 어찌 보면 '프리소울'과는 정반대 지점에 있었던 셈이죠. 그런 양극에 존재하는 두 가지의 선곡 스타일이 상호 보완을 해주었고, 그로 인한 시너지도 컸기 때문에 오히려 균형 잡힌, 꽤 건강한 상태를 유지하지 않았나 하는 생각이 들어요.

앞으로 하시모토 씨는 어떤 선곡을 하실 계획이신가요? 목표나 방향성이 궁금해집니다.

저는 늘 조금씩이라도 업무로서 선곡을 할 수 있는 스트라이트 존을 넓혀가다 보면 보다 자유롭게 선곡이 가능해지지 않을까 하는 생각을 가지고 있어요. 그런 대표적인 사례가 'USEN'이라는 유선방송 서비스를 기반으로 한 선곡 서비스인 'usen for Cafe Apres-midi'입니다.

여기서 핵심은 도시의 불특정 다수에게 저희 선곡을 어프로치할 수 있었다는 점이에요. 지금도 대부분의 가게가 그렇겠지만 원래 선곡이라는 건 가치관이 가까운 사람, 취미와 성향이 비슷한 사람들에게만 다다를 수 있었던 영역이었는데, 히카리에나 세이유 매장 같은 곳에 우리의 선곡이 흐르면서 불특정 다수에게 닿는 일이 가능

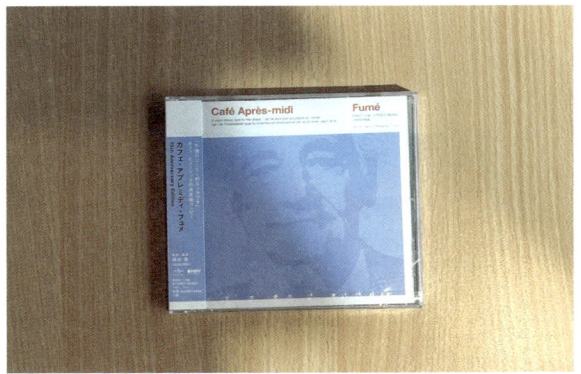

컴필레이션 앨범 '카페 아프레미디' 시리즈.

해졌어요. 세상을 자신이 좋아하는 타입의 음악으로 물들여갈 수 있는 즐거움이 가능해지게 되었습니다. 또한 이런 과정과 음악 선곡이라는 행위를 통해 도시와 시대의 분위기가 바뀌어 갈 수 있다고 생각해요. 그것이 제가 하고 싶었던 일이었고, 앞으로도 계속하려고 해요.

앞으로의 카페 아프레미디의 목표를 말씀해주세요.
사실 특별히 바라는 것이 있는 건 아니지만, 제가 좋아하는 것, 강점을 지녔다고 생각하는 것에 대한 가치관을 공유하는 사람들이 이 공간을 통해 활동하고, 그런 가치관을 가진 사람들이 조금씩 늘어났으면 좋겠습니다. 그렇게 된다면 잡지든 가게든 어떤 것을 만들더라도, 그들이 만든 사람의 마음을 진정으로 이해해주는 존재가 되어줄 테니까요. 물론, 저 스스로가 주변 환경에 흔들리지 않아야 한다는 전제가 기본이겠지만요.
20년 전에는 공격적으로 무언가를 추진하는 것을 즐기기만 했지 지켜나가는 일은 잘하지 못했어요. 그래서 결과가 생각만큼 잘 나오지 않는 경우도 있었기 때문에 '굳이 그렇게 하지 않아도 괜찮다'는 것을 깨달은 적이 있습니다. 그런 과정을 거치면서 이를테면 '연예인 누구누구가 이 음료 마시려고 찾아왔대' 같은 유명세나 트렌드 때문에 손님이 급속도로 늘어날 필요가 전혀 없다는 걸 인지했어요. 이 점이 제가 과거와 달라진 점이기도 해요. '빨리 성공하기 위해서, 유명해지기 위해서 앞만 보고 달리지 않아도 괜찮아'라고 30대의 저 자신에게 가르쳐주고 싶다는 생각마저 듭니다.

그렇다면 하시모토 씨가 생각하는 좋은 가게나 브랜드는 어떤 걸까요? 그리고 이런 가게나 브랜드를 만들고자 하는 분들에게 전하고 싶은 이야기가 있다면 말씀해주세요.

단기간에 급성장하는 존재는 그만큼 빠르게 사라지기도 합니다. 물론 이를 잘 활용하여 두각을 나타내는 사례들도 분명 있을 거예요. 화려한 겉모습에 매료되어 이를 목표로 삼는 사람들도 많을 겁니다. 하지만 그런 사례는 마치 복권 당첨과 같다고 생각해요. 모든 사람에게 일상적으로 일어나는 일이 아니잖아요? 우연한 기회로 성공한 사람들의 이야기가 미디어를 통해 세상에 보여지고 있죠.

물론 이와 같은 방향성을 목표로 삼을 수도 있지만 영속적인 면을 생각해본다면 여유를 가지고 서서히 활기를 띠어가는 쪽이 더 좋지 않을까 합니다. 자신의 가장 가까운 주변부터 시작해서 조금씩 공감해주고 이해해주는 사람들을 한 사람 두 사람 늘려가다보면 그 뒤에 백 명이 서있고 또 그 뒤에 만 명이 서 있는 형태가 되는 것이 이상적이지 않을까요? 갑자기 만 명이 생겼다가 갑자기 사라지는 걸 반복하는 것보다는 천천히 넓혀가는 것들이 쉽게 줄어들지 않으니까요. 급히 팽창되는 건 그 속도만큼이나 빨리 오그라들어요. 예상치 못하게 갑자기 커져버리면 우쭐해지거나 조금 더 위로 오르고자 하는 욕심이 수반되기 쉬워요. 실제로 카페 붐 이후에 꽤 힘들었던 경험도 있었거든요. 그런 의미로 굳이 조바심을 낼 필요는 없다는 생각이 들어요.

나이가 들고 난 지금, 그런 기분을 세상을 바라보면서 말하고 싶을 때가 있습니다. 물론 지속하기 위해 채산성이 맞지 않는 부분을 배제해야 하는 현실적인 생각도 필요하지만 '내가 왜 이것을 하려고 했는가'에 대한 초심이나 원점 등은 스스로가 계속 내면을 향해 바라볼 필요는 있어요. 가령 SNS나 비즈니스와 같은 외부 환경이 주도하는 게임 속에 있게 되면, 누구나 어느 순간 초심을 잊게 되기 마련이니까요. 그런 게임 속에서 플레이할 필요는 있겠지만 어느 정도 거리를 둔 스탠스를 유지하는 것도 중요하다고 생각해요. 그런 면에서 '고독 없이는 아무것도 이룰 수 없다'는 말이 마음에 와닿습니다. 파블로 피카소의 유명한 말인데요. 주변 환경에 동요되지 않고 스스로가 세운 목표를 향해 느리지만 착실히 하나하나 쌓아가는 일이 중요하다고 생각합니다. 따라서 이번 책의 취지에 맞을지는 모르겠지만 '보다 긴 안목으로 여유를 가지고 자신과 주변을 바라봐 주세요'라는 말을 전하고 싶습니다.

도쿄 브랜딩

1판 1쇄 발행 2025년 5월 20일
1판 2쇄 발행 2025년 8월 7일

지은이 도쿄다반사

발행인 양원석 **편집장** 차선화
디자인 남미현, 김미선 **영업마케팅** 윤송, 김지현, 최현윤, 백승원, 유민경

펴낸 곳 ㈜알에이치코리아
주소 서울시 금천구 가산디지털2로 53, 20층 (가산동, 한라시그마밸리)
편집문의 02-6443-8861   **도서문의** 02-6443-8800
홈페이지 http://rhk.co.kr
등록 2004년 1월 15일 제2-3726호

ISBN 978-89-255-7364-9 (03320)

※ 이 책은 ㈜알에이치코리아가 저작권자와의 계약에 따라 발행한 것이므로
   본사의 서면 허락 없이는 어떠한 형태나 수단으로도 이 책의 내용을 이용하지 못합니다.
※ 잘못된 책은 구입하신 서점에서 바꾸어 드립니다.
※ 책값은 뒤표지에 있습니다.

TOKYO
BRANDING